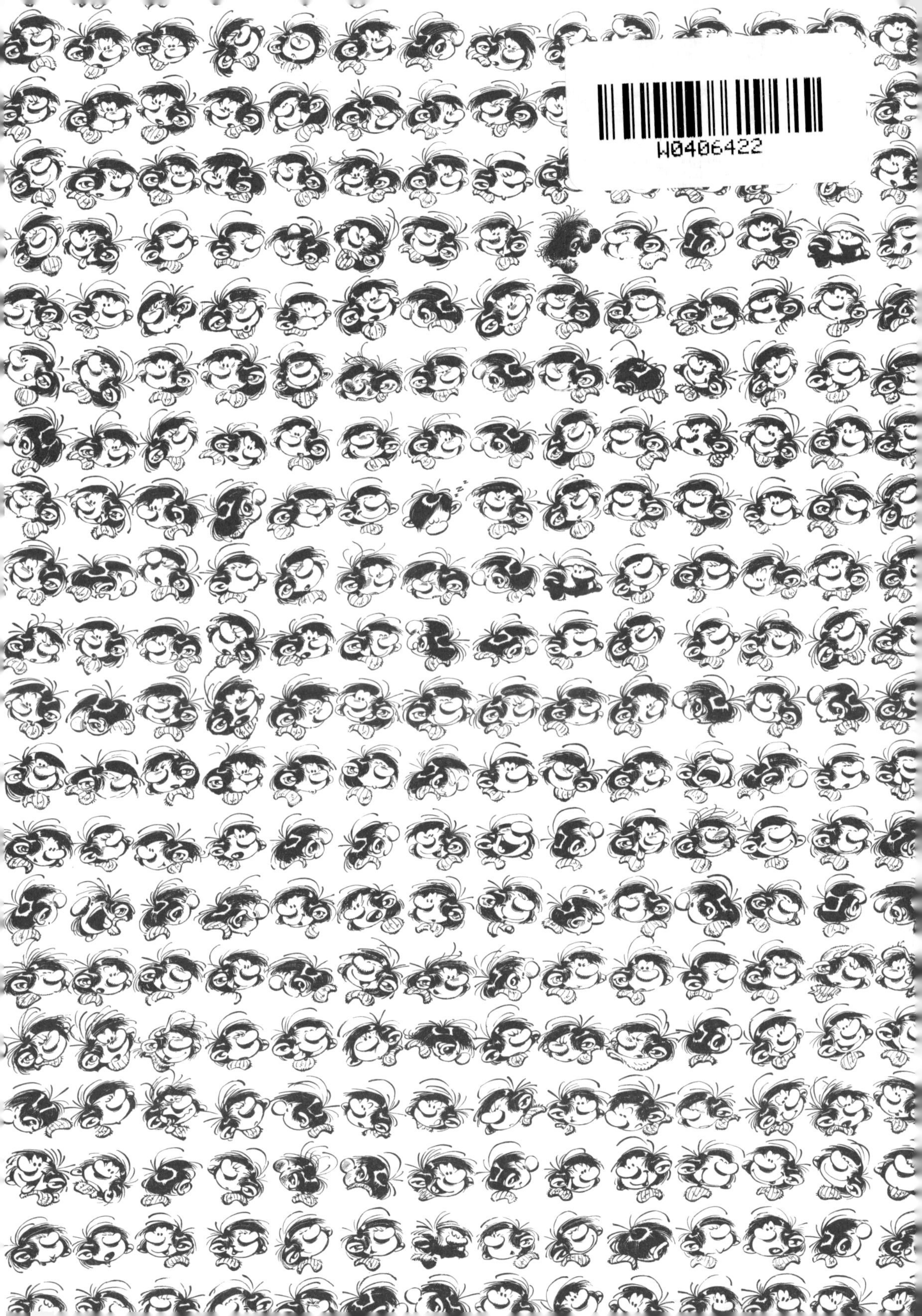

GASTON

LE MANUEL DE SURVIE AU BUREAU

SANDRA LEBRUN
LOÏC AUDRAIN

MANGO

Sommaire

Chapitre 1

Éloge de la paresse

Activité humaine exigeant un effort soutenu, manuel ou intellectuel, on s'y met, on s'y plonge, qu'il soit fatigant ou non, productif ou non... Vous l'avez compris il s'agit bien là du boulot, du taf, en un mot : du travail ! À plein-temps ou à mi-temps, il occupe du lundi au vendredi et parfois plus.

Comme toujours, il y a ceux qui font du zèle et qui travaillent sans relâche pour faire plaisir à leur patron. Tout ça pour quoi ?

Mais vous ne mangez pas de ce pain-là, vous n'êtes pas tombé dans le panneau ! Votre objectif principal : ne pas travailler. Nous avons donc sélectionné pour vous les stratégies d'évitement les plus efficaces et les meilleures excuses parmi lesquelles vous piocherez librement selon les circonstances.

STRATÉGIES D'ÉVITEMENT

Toujours là...

Avant tout, il est essentiel que votre chef vous ait à la bonne. Notamment en pensant que vous êtes fortement impliqué dans la vie de l'entreprise et que vous travaillez sans relâche. La première étape va donc consister à faire croire que vous êtes toujours là. Même s'il ne vous voit pas dans votre bureau, il doit croire que vous n'êtes pas loin.

Conseil :
Supprimez immédiatement l'écran de veille de votre ordinateur.
Lorsque votre boss entrera dans votre bureau, il ne sera jamais face à un écran en pause : ce sera bien la preuve que vous venez juste de le quitter. Il vous cherchera en vain et reviendra plus tard. Ouf ! Vous voilà débarrassé de votre Prunelle !

Pour désactiver votre écran de veille :
1. Allez dans le menu démarrer.
2. Cherchez dans le panneau de configuration ou les préférences système.
3. Vous y êtes... le réglage pour l'écran de veille est juste devant votre nez. À vous de jouer.

Ensuite, vous allez devoir changer vos habitudes. En effet, il y a une erreur classique à éviter pour ne pas être démasqué, surtout si vous avez tendance à arriver en retard...

T'étais où ? Ben là !

Mantra : ne JAMAIS éteindre mon ordinateur !
Répétez cette phrase cent fois pour ne pas l'oublier. C'est primordial pour votre survie dans l'entreprise. Grace à ce geste simple, vous pourrez arriver à l'heure que vous voulez, personne n'imaginera que vous n'y êtes pas... puisque votre ordinateur est allumé !
N'oubliez pas que le pire, quand on est en retard, c'est d'être pris en flagrant délit d'allumage. C'est le moment révélateur de votre arrivée tardive. Ne tombez plus dans ce piège !

Pas bien loin...

L'ordinateur est resté allumé, l'écran de veille est supprimé, les dossiers vous envahissent... et ce n'est pas fini !

Conseils :
1. Laissez toujours une veste sur votre dossier de chaise. Prévoyez une autre veste, rangée dans un tiroir, pour rentrer le soir sans avoir froid.
2. Gardez toujours un fond de café dans votre gobelet. Personne ne saura qu'il s'agit d'un vieux café froid. En le voyant posé à côté de votre clavier, votre boss s'imaginera obligatoirement que vous n'êtes pas bien loin.

Mettez-vous d'accord avec votre Mélanie Molaire, la responsable de la propreté, sur le fait que vous ne souhaitez en aucun cas qu'elle mette ce gobelet en plastique à la poubelle. Cela briserait votre carrière.
Pour qu'elle ne soit pas tentée de vous le dérober, dites-lui que c'est dans ce verre que votre chaton a bu pour la dernière fois avant de tomber par la fenêtre... Vous êtes donc fortement attaché à ce récipient, c'est tout ce qu'il vous reste de votre si gentil minou.
Et pour ce qui est de votre veste, idem, vous préféreriez qu'elle n'y touche pas. Elle a l'odeur de votre maman et vous ne voudriez pas que ça change.

Malgré toute cette belle organisation, vous êtes tout de même parfois à votre poste (oui, ça vous arrive). Il ne faudrait pas que l'on vienne vous embêter en vous assommant de dossiers à traiter. Restez confiant...

La gestuelle

L'avantage de cette astuce, c'est qu'en plus de donner l'illusion que vous êtes à fond dans le boulot, vous allez entretenir votre apparence physique avec seulement quelques petits gestes accessibles à tous.

L'idéal serait que votre ordinateur soit tourné de manière à ce que personne ne puisse voir ce que vous faites. Vous regardez un film, jouez au solitaire, suivez l'actu, découvrez les derniers conseils beauté... quoi qu'il en soit, vous ne travaillez pas. Ce n'est pas grave ! Tout est dans la gestuelle.
Frottez-vous le menton, froncez les sourcils, écarquillez les yeux, soupirez, grattez-vous la tête, prenez du recul sur votre dossier et croisez les bras les yeux toujours fixés sur votre écran, posez votre index sur l'arête de votre nez... Tout est bon pour donner l'impression que vous êtes concentré sur un fichier.

Le plus difficile va être de ne pas craquer au moment où le chef passe dans le couloir, car cela peut être très drôle de jouer ce rôle. Une fois le boss parti, relâchez-vous et riez, c'est bon pour les abdos. Vous voyez bien que c'est sportif d'avoir l'air concentré.

Débordé !

Sachez qu'il existe d'autres moyens très simples pour faire illusion : prenez un air complètement débordé ! Et mettez en pratique ces quelques conseils...

1. Collez des Post-it partout sur vos murs, le tour de votre ordinateur, votre fenêtre, sur le bord de votre bureau... avec bien évidemment des messages, incompréhensibles pour les autres, écrits sur chacun des petits papiers.
2. Sur votre écran d'ordinateur, ouvrez un maximum de fenêtres. L'impression visuelle sera terrifiante pour vos collègues.

3. Passez-vous la main dans les cheveux pour vous décoiffer. On verra ainsi à quel point le dossier que vous traitez est super prise de tête ! N'oubliez pas de soupirer en secouant la tête pour faire comme si vous étiez, en plus, obligé de rattraper les bourdes des autres.
4. Laissez une boîte de pizza sur le sol : vous n'avez même pas eu le temps d'aller manger.

En vous voyant ainsi, Yvan Delporte n'osera pas vous demander de vous plonger dans un nouveau dossier. Il voit que vous croulez sous le travail donné par Prunelle. C'est une évidence, vous êtes complètement overbooké !

Vous l'aurez compris, c'est l'impression qui fait tout. Vous ne devez pas travailler en permanence, mais donner au chef l'illusion que vous travaillez en permanence. Parfois, cependant, vous faites mine de retrousser vos manches. Si alors vous ne disposez pas du matériel adéquat, réjouissez-vous, vous allez perdre un temps précieux !

Fournitures

Vous n'avez pas le matériel nécessaire pour bien travailler. Qu'à cela ne tienne vous allez passer une nouvelle commande de fournitures.

1. Demandez le catalogue des fournitures à la collègue en charge des commandes.
2. Prenez une feuille A4.
3. Découpez toutes les images qui vous plaisent dans le catalogue.
4. Collez-les sur votre feuille.
5. À côté des images des fournitures, écrivez un petit message.

> CHER PAPA NOËL,
> CETTE ANNÉE J'AI ÉTÉ TRÈS SAGE ET J'AI BIEN TRAVAILLÉ. J'AI CHOISI PLEIN DE JOLIS CADEAUX POUR TRAVAILLER ENCORE MIEUX. J'ESPÈRE QUE TU POURRAS TOUT M'APPORTER, ET AUSSI UNE BOÎTE DE THON POUR MON CHAT ET MA MOUETTE.
> JE TE FAIS DE GROS BISOUS.

6. Terminez la lettre avec votre signature.
7. Pliez votre lettre et glissez-la dans une enveloppe que vous prendrez soin de refermer avant de la donner à la secrétaire concernée.

Maintenant il ne vous reste plus qu'à attendre jusqu'au 25 décembre pour voir ce que le Père Noël va vous apporter.

En attendant que les paquets cadeaux arrivent, prenez place derrière votre bureau. Il est l'heure de votre entraînement quotidien sur les raccourcis claviers. Au fait, est-ce que vous les connaissez tous ?

Le syndrome du poisson rouge

Lorsque vous avez un trou de mémoire et que vous ne vous souvenez plus d'un raccourci clavier, vous pouvez toujours chercher dans la barre de menu en haut de votre écran. Voici une technique beaucoup plus ludique pour ne plus les oublier...

Pour ne plus oublier les raccourcis clavier :
À chaque fois que vous voulez annuler ou effacer le dernier mot que vous venez d'écrire, vous devez taper simultanément sur les touches ctrl et Z, ou l'équivalent pour les mangeurs de pommes.
Si vous avez une vraie mémoire de poisson rouge, plus de panique ! Vous prenez votre gomme (qui a également pour mission d'effacer) et vous collez dessus une étiquette avec la formule magique : ctrl + Z.

Reprenez l'idée pour l'action couper. Prenez votre paire de ciseaux et collez un petit papier avec la formule magique : ctrl + X.
Pour l'action coller, prenez votre rouleau de ruban adhésif et collez-y un petit papier avec la formule magique : ctrl + V.
À vous de continuer avec les autres fonctions : imprimer, enregistrer...
Avec tout ce travail d'organisation, Prunelle ne pourra pas dire que vous ne faites rien alors qu'il vous a demandé de préparer la prochaine réunion...

Savoir dire stop !

Parfois les choses peuvent paraître insurmontables alors que la solution est à portée de main. Si vous ne voulez pas que l'on rentre dans votre bureau, il n'y a qu'une seule chose à faire : le dire avec des mots simples.

1. Photocopiez un accroche-porte.
2. Écrivez un message différent sur chacune des quatre faces. Voici quelques propositions :

-STOP !
-JE SUIS EN QUARANTAINE, J'AI LA GRIPPE !
-PRIÈRE DE RANGER MON BUREAU.
-OCCUPÉ ! FAITES DEMI-TOUR.
-ZONE EN DÉCONTAMINATION, DANGER !
-RÉSERVE PROTÉGÉE. NE PAS ENTRER.
-NE PAS DÉRANGER ! JE BOSSE, MOI !

3. Choisissez le message adapté au jour.
4. Accrochez votre message à la poignée extérieure de votre bureau.

C'est bon, vous êtes tranquille pour un petit moment, vous allez enfin pouvoir envisager une sieste.
Ce qui est ennuyeux au travail, c'est le temps qui passe, ou plutôt qui ne passe pas. C'est impressionnant à quel point pendant la semaine les heures durent plus longtemps que celles du week-end. L'idéal serait que les journées raccourcissent ou que vous ayez l'autorisation de quitter les lieux plus tôt que prévu. Peut-être pouvez-vous donner un petit coup de pouce à la chance.

Chômage technique

Une technique accessible à tous mais qui demande un peu de temps, consiste à oublier un aliment au-dessus d'une armoire. Laissez-le pourrir. Avec un peu de chance, l'odeur deviendra si insupportable qu'il faudra prévoir une journée de désinfection sanitaire obligatoire. Pour vous et vos collègues, c'est tout bénef' : une journée de congés gagnée. En méthode plus rapide, vous pouvez déclencher l'alarme incendie. C'est obligatoire, vous devrez tous quitter les lieux et ne pourrez revenir qu'une fois que la sécurité aura donné son accord. Ça fait une belle pause en perspective.

Une technique plus radicale consiste à déclencher le système d'arrosage automatique fixé au plafond. Cette fois c'est douche froide pour tout le monde ! Les ordinateurs seront grillés. Vous vous retrouverez donc au chômage technique. Vous ne gagnerez pas seulement une pause mais plusieurs jours d'arrêt. C'est bon ça !

Sérieux d'apparence

L'apparence ne fait pas tout mais elle fait beaucoup. L'attitude est essentielle : apprenez à en jouer.

Si vous voulez que l'on vous laisse tranquille, vous ne devez plus sourire : ça ne fait pas sérieux ! Bien au contraire, prenez un air préoccupé. Un ordinateur portable sous un bras et une sacoche (à l'ancienne) dans l'autre, foncez tête baissée vers votre bureau.
Si quelqu'un vous interpelle, répondez que vous n'avez pas le temps : vous devez boucler un dossier urgent qui ne peut plus attendre.
Entrez dans votre bureau en vous frottant le front et en secouant légèrement la tête comme si vous étiez contrarié par votre fameux dossier.
Refermez la porte et... ouvrez votre sacoche dans laquelle vous avez préalablement glissé un sac de couchage avec matelas gonflable intégré. En voilà une journée qui s'annonce bien !

La sieste peut tout à fait être envisagée même si vous n'avez pas prévu votre sac de couchage. Dans ce cas il existe des postures plus adaptées que d'autres.

Sieste incognito

Vous l'aurez compris, ce qui prime c'est l'impression que vous donnez. Une personne entrant dans votre bureau doit croire que vous travaillez.

1. Prenez le combiné de votre téléphone et coincez-le entre l'oreille et l'épaule.
2. Tournez le dos à la porte d'entrée.
3. Affalez-vous dans votre fauteuil pour la sieste.

Ainsi positionné, si quelqu'un vous voit, il croira que vous êtes en pleine conversation téléphonique. Il n'osera pas vous déranger et repassera plus tard.

Cette illusion fonctionne uniquement si vous êtes de dos. Si vous ne pouvez pas tourner le dos à la porte, par exemple parce que vous êtes dans un *open space*, apprenez à dormir les yeux ouverts. Vous aurez l'air de réfléchir profondément.
Réfléchir (dormir) profondément en public implique de ne surtout pas ronfler, sinon vous serez démasqué.
Si Prunelle vous prend en flagrant délit, rappelez-lui que l'on passe cinq jours par an en moyenne à attendre devant notre ordinateur qui rame... Et il se trouve que par souci d'efficacité, vous préférez condenser ces cinq jours en une seule fois et ne plus perdre de temps. Donc là, vous êtes non pas en pleine sieste mais en plein ramage !

Prunelle peut s'énerver, cela ne doit pas vous atteindre. Restez détendu, vous savez que vous n'avez rien à vous reprocher. Parce que, VOUS, vous n'hésitez pas à faire des heures sup'.

Heure sup'

Pour impressionner la direction il n'y a rien de tel que les heures sup'. Ils y voient forcément un investissement personnel dans la vie de l'entreprise. Oui, vous allez vous faire passer pour un acharné du travail. Là on entre dans la stratégie de haute volée. L'astuce est de faire quatre minutes d'heure sup' par jour.
Arrivez deux minutes avant votre chef. Bon, ce n'est pas évident puisque vous êtes plutôt adepte du retard, mais dans ce cas ne loupez pas la deuxième étape qui consiste à partir deux minutes après votre boss. L'effet psychologique sur votre hiérarchie sera, inconsciemment, d'imaginer que vous passez vos journées et vos nuits au bureau.

Alors faites du zèle. Vous avez tout votre temps, vous n'êtes pas pressé. Glander au bureau, vous adorez. La seule chose, c'est qu'il ne faut pas que Prunelle le sache. Et l'idéal serait que votre chef s'absente… Lorsque cela se produit, sachez saisir l'occasion !

La tactique du tic-tac

Enfin, le chef a quitté le bureau ! L'occasion rêvée pour une bonne petite sieste bien méritée. Cela se passe en trois étapes.

1. Vous devez impérativement avoir accès à son agenda pour connaître l'heure prévue de son retour. Cette fois, vous allez avoir besoin d'aide : M'oiselle Jeanne ! Vous pouvez toujours justifier votre requête en expliquant que vous avez besoin de savoir combien de temps il vous reste pour boucler un dossier que vous souhaitez absolument lui remettre à son retour.
2. Une fois que vous avez obtenu l'info du planning, il ne vous reste plus qu'à mettre une alarme prévue pour sonner cinq minutes avant son retour. Ainsi vous aurez le temps de vous replonger dans votre pile de dossiers sans qu'il ne se soit aperçu de rien.
3. Maintenant posez votre tête sur l'oreiller et profitez de ce moment de répit.

Ça fait du bien une petite sieste. Encore faut-il que le boss ne rentre pas plus tôt que prévu. Parce que, allez savoir pourquoi, ça le met hors de lui de vous trouver en plein rêve !

Un discours tout prêt

Malheureusement, votre chef est revenu ! Et voilà qu'il doit préparer un discours... son pire cauchemar. Aidez-le en rédigeant vous-même un discours à sa place. Pour une fois vous serez SA stratégie d'évitement. Pour être efficace, vous devez avoir sous la main un discours type, structuré et adapté à chaque situation :

-LE DISCOURS D'INAUGURATION,
-LES VŒUX AUX EMPLOYÉS,
-L'ANNONCE DES OBJECTIFS,
-L'ASSEMBLÉE GÉNÉRALE,
-LE REPAS DE FIN D'ANNÉE,
-LE SPÉCIAL CRISE...

Dans chaque discours, laissez de petits espaces vierges prévus pour l'ajout de touches personnelles à l'intérieur du texte.
Grâce à vos textes rédigés avec style, le chef aura une communication réussie lui permettant de stimuler la motivation de l'ensemble des employés et de repositionner la stratégie de l'entreprise.
En cette période difficile, vous serez son atout, vous saurez lui redonner confiance en lui et en vous-même. Ce coup de maître ne vous dispensera peut-être pas cependant d'aller en réunion...

Réunionite aiguë

La réunionite désigne le fait d'organiser de trop nombreuses réunions, causant ainsi une perte d'efficacité. Chaque employé perd sur le temps de travail effectif et n'a plus le temps d'avancer sur les dossiers. C'est surréaliste ! Vous devez convaincre le chef de se soigner.
C'est en usant de pédagogie que vous obtiendrez les meilleurs résultats. Tentez le tout pour le tout et emmenez le malade en salle de réunion. Oui, il faut soigner le mal par le mal ! En réalité, c'est surtout que dans cette salle il y a un paper board.

Dessinez un schéma incohérent avec des ronds, des carrés, des triangles, en variant leurs tailles. Reliez-les par des flèches qui partent dans tous les sens, des pointillés et écrivez dedans : des phrases ou mots-clés, des chiffres et autres pourcentages, etc.

Entraînez-vous jusqu'à ce que vous vous sentiez capable d'exposer votre point de vue face au malade... euh, au chef !
Accompagnez chaque trait, de grands gestes et de punchlines :
-perte d'efficacité,
-perte de rentabilité,
-manque de motivation,
-trop de réunions tuent la réunion !
Insistez bien avec votre feutre en entourant plusieurs fois les mots clefs.
Changez de couleur !
Le malade fait une rechute, il décroche ? Vite, revenez à la charge et listez toutes les aberrations des réunions...

Voilà, vous aurez tout essayé.
Si ça marche, tout le monde vous en sera reconnaissant. Et si malgré tous vos arguments, tous vos efforts, votre chef de service a bel et bien prévu de maintenir la prochaine réunion d'information, qu'à cela ne tienne, vous avez plus d'une corde à votre arc…

Allô ?

Aux grands maux les grands remèdes. Vous avez décidé que vous n'iriez pas à cette réunion, vous n'irez pas !

1. Allez chez Jules-de-chez-Smith-en-face.
2. Prenez le téléphone et appelez votre patron depuis un numéro qui lui est complètement inconnu.
3. Prenez la voix de l'homme d'affaires avec qui la réunion est prévue, c'est-à-dire M. De Mesmaeker, et annulez la réunion en vous faisant passer pour ce dernier.

Voilà c'est fait ! Ce n'était pas bien compliqué. Remerciez votre ami et retournez à votre bureau. Maintenant attendez et vous verrez bien ce qu'il en est…

Kékidi ?

C'est à peine croyable ! Vous venez juste de reprendre votre place et le téléphone sonne déjà ! Et comme par hasard, c'est pour vous convoquer à la prochaine réunion… Mais ça ne va pas se passer comme ça !

Le patron vous parle dans le combiné ? Faites des bruits bizarres avec votre bouche. Dites que ça ne capte pas : « Je n'entends rien... Ça grésille... Qu'est-ce que vous dites ?... Désolé Prunelle... Je raccroche. »
Vous avez également une autre version : « Humm mmm humm um mmumum mum ». Ce qui équivaut à : « Désolé, je ne peux pas vous parler, j'ai la bouche pleine. » Maintenant c'est certain, il va débarquer dans votre bureau. Là, il n'y a plus qu'une solution ! Faites appel au syndicat !

Le syndicat

Pour une fois, vous allez faire appel au syndicat. Il saura vous soutenir et vous accompagner dans votre démarche. Le mieux est de préparer avec vos collègues une pétition, et puis, tant que vous y êtes, autant en faire plusieurs.
Préparez un fichier avec une colonne pour les noms, prénoms, fonctions et signatures.
En haut de la fiche vous précisez en titre la revendication spécifique à cette pétition.

« Nous sommes tous d'accord pour... »

Thèmes au choix :
- Annuler toutes les réunions jusqu'en 2077 (vous serez enfin à la retraite),
-Travailler moins pour gagner plus,
-Commencer plus tard pour finir plus tôt,
-Avoir une salle de sommeil au bureau,
-Une fois par semaine une fondue savoyarde à la cantine,
-Que chacun puisse choisir la couleur des murs de son bureau,
-Pour les employés célibataires, que les jours de congés pour enfant malade soient reportés sur leur chat et leur mouette.
Faites circuler autant de pétitions qu'il y a de revendications, sous la pression le patron finira bien par craquer.

Le patron, voyant que vous vous êtes rapproché des syndiqués, cessera de vous embêter, il ne voudra pas être accusé de harcèlement. Cependant, il pourrait désormais faire preuve d'un certain manque de confiance à votre égard. En vérifiant abusivement vos dépenses, par exemple. Rassurez-vous, la solution existe.

Notes de frais

C'est incroyable cette manie de toujours vouloir tout contrôler derrière vous. Comme si vos notes de frais étaient injustifiées ! Quoi qu'il en soit, lisez bien ce conseil…

Vous le savez, si vous invitez un client à un déjeuner de travail, vous devez écrire son nom au dos de la note de frais. Ceci n'est évidemment pas permis pour un déjeuner privé. Toutefois, si vous invitez malgré tout quelqu'un à déjeuner et que vous décidez de le passer en note de frais, il vous suffit d'écrire le nom d'un de vos nombreux clients. Attention ! Veillez à vous renseigner pour éviter que plusieurs collègues ne fassent figurer le même nom sur leur facture. En effet, vous n'êtes pas le seul à user de cette ruse, mais si vous êtes plusieurs à écrire le même nom d'un client qui se retrouve donc a avoir mangé plusieurs fois le même jour dans la même entreprise avec des personnes différentes, soyez certain que Joseph Boulier va vous en toucher deux mots… C'est une question de bon sens !

Non seulement on contrôle vos notes de frais mais on vous incite à manger au bureau ? Comble de malchance, vous travaillez en open space ? Qu'à cela ne tienne, vous allez en profiter.

Contretemps

Lorsque l'heure du repas est arrivée, tout le monde part quasiment en même temps. Et si une personne reste devant son poste, ça se remarque… Alors mangez à contretemps.

Tandis que tout le monde part déjeuner, faites du zèle et dites que vous préférez boucler votre dossier avant de manger. Eh oui, vous avez une vraie conscience professionnelle !
Dès que l'open space est vide, détendez-vous : votre pause commence maintenant. Alors que vos collègues vous croient en train de travailler, vous vous reposez, vous surfez sur Internet, vous entamez une nouvelle partie...
Deux minutes avant leur retour, replongez dans votre dossier. Au moment où vous les voyez se diriger vers la machine à café, relevez la tête d'un air complètement absorbé par le travail et levez-vous pour prendre un café avec eux. Puis, lorsqu'ils retournent à leur poste, dites que vous allez tout de même vous faire une pause et grignoter un bout avant de reprendre : « Bon, cette fois j'y vais, à tout à l'heure tout le monde... »
Et voilà, votre deuxième pause commence ! Magnifique vous avez doublé votre temps de pause et tout le monde vous prend pour un acharné du travail. Bien joué !

Ainsi, de retour, vous serez complètement détendu. Seule la contemplation de votre fiche de paye pourra tempérer votre bonne humeur. Mais là encore, la solution existe.

Message anonyme

Malgré tous vos efforts, vous n'avez toujours pas reçu de prime ? Vous avez été assez patient, vous allez passer à la vitesse supérieure.

1. Récupérez tous les magazines de la salle d'attente ou ceux qui traînent sur les bureaux de vos voisins.
2. Découpez toutes les lettres des gros titres.
3. Écrivez un message anonyme à votre patron. L'idée est de lui demander une augmentation sous la menace d'envoyer un virus. Mais puisqu'il ne faudrait pas qu'il vous reconnaisse, vous allez exiger qu'il augmente toute l'équipe !

EXCUSES BIDONS

Flemmingite aiguë

Vous manquez d'imagination pour justifier votre absence ? N'abusez pas des grands classiques comme la gastro, l'angine, ou, pire, la grippe, l'intoxication alimentaire, la rage de dents ; soyez différent de vos collègues et faites preuve d'originalité, voire de fantaisie.

Excuse n° 1 :
Je suis allergique… (À quoi ? C'est au choix : poussière, moquette, climatisation…).

Excuse n° 2 :
Ma tante est malade.

Excuse n° 3 :
Mon chat est aux urgences.

Excuse n° 4 :
Mon chien a des angoisses nocturnes, il a mangé mes chaussures.

Excuse n° 5 :
Mon tire-bouchon est tombé et s'est planté dans mon pied.

Excuse n° 6 :
J'ai nagé le dos crawlé et je me suis cogné la tête contre le rebord de la piscine.

Excuse n°7 :
Je n'ai pas dormi chez moi et je ne sais pas où je suis.

Excuse n° 8 :
Ma teinture capillaire dégorge sous la pluie.

Excuse n° 9 :
Il y a un colis piégé dans ma cage d'escalier.

Excuse n° 10 :
J'ai reçu un gros coup de fil... sur la tête, et ça fait vraiment très mal.

Excuse n° 11 :
Mon talon est resté coincé dans une grille du trottoir.

Excuse n° 12 :
J'ai peur des souris.

Excuse n° 13 :
Ma chatte a eu des petits, je prends un congé parental.

Il faut justifier les absences, mais il ne faut pas oublier que les retards aussi doivent avoir une bonne excuse...

Vous ne seriez pas un peu en retard ?

Ça y est, vous avez réussi, vous êtes en retard. D'ailleurs, qui voilà au bout du couloir ? Prunelle ! Il va falloir se justifier…

Excuse n° 1 :
Vous étiez dans l'ascenseur et vous ne savez pas quel est l'#@%># qui a appuyé sur tous les boutons mais du coup vous vous êtes arrêté à tous les étages. (Évidemment c'est vous qui aurez appuyé sur tous les boutons mais ça, vous ne devez pas le préciser.)

Excuse n° 2 :
Vous êtes resté coincé dans l'ascenseur. (Décidément il a bon dos l'ascenseur…) Il suffit d'appuyer sur le bouton stop entre deux étages et de patienter un peu le temps d'une petite sieste réparatrice.

Excuse n° 3 :
Mélanie Molaire, la femme de ménage, a fermé votre bureau à clef et bien évidemment vous n'avez pas le double, vous l'avez laissé chez vous. Maintenant vous êtes obligé d'attendre le serrurier…
En réalité, vous aurez tout simplement fermé le bureau à clef et remis votre trousseau bien au fond de votre sac.

Excuse n° 4 :
Il y a eu un meurtre dans votre bureau ! Des scellés ont été posés et vous n'avez pas l'autorisation d'entrer. Avec une craie vous aurez dessiné une silhouette sur le sol de votre bureau. Un ruban de bande plastique barrera l'entrée de votre bureau d'une croix.

C'est fou ce que la vie de bureau peut être mouvementée parfois. Vous n'êtes pas près de réussir à vous mettre au travail…

La panne

Si on met de côté l'excuse de la panne d'oreiller, il y en a une qui est récurrente, c'est la panne de voiture. En effet, le moyen de transport peut-être une source intarissable de bonnes raisons pour justifier son retard.

La bonne aubaine, c'est qu'il semblerait que la loi considère que les retards imprévisibles, comme les embouteillages, les pannes de voiture, etc., s'ils restent exceptionnels (tout est relatif), sont tolérables. En voilà une bonne nouvelle ! N'oubliez pas de le rappeler à votre boss le jour où il vous attrapera pour un retard.

Le top, c'est bien évidemment la grève ! Vive la grève ! Mieux qu'une excuse, c'est une opportunité. Ce n'est pas de votre faute si vous êtes arrivé en retard, il n'y a pas de transports. Bon évidemment vous pouvez tenter de prendre votre voiture, mais bonjour les embouteillages ! Et là, on retombe sur la première excuse : la loi considère que si c'est exceptionnel, c'est excusable. M'enfin !
Vous avez également des petites variantes comme : « Mon GPS ne trouvait plus le chemin » ou « Le frein à main de ma voiture s'est cassé et elle a renversé Longtarin ».
« Je suis en retard à cause du brouillard. » Si, si, c'est vrai. En réalité vous étiez à l'heure, mais vous vous êtes trompé d'immeuble.

Le retard en open space

Le premier souci de l'*open space*, c'est que tout le monde voit l'heure à laquelle vous vous installez à votre poste, il vous faut donc absolument une ou deux excuses sous le coude pour le jour où vous arriverez en retard.

Parmi les justifications les plus fréquentes, on retrouve toujours celle de la circulation, des transports en commun, de la panne de réveil et éventuellement de la mauvaise météo. Soyez plus original !

Dites que vous êtes resté coincé au parking, que l'ascenseur ne s'est pas ouvert et vous a gardé prisonnier... Vous pouvez également expliquer à Prunelle que, depuis que vous travaillez en *open space*, vous n'avez pas encore très bien repéré où se trouve votre bureau et vous êtes perdu.

Quoi qu'il en soit, quelle que soit la raison de votre retard, il y a une chose essentielle à retenir : ne courez pas ! Si vous vous précipitez à votre poste, là c'est sûr, tout le monde vous repère. En marchant tranquillement avec un dossier sous le bras, votre retard peut éventuellement passer inaperçu.
Et si tout le plateau vous voit arriver, pensez-bien que tout le monde vous voit également partir. Et c'est là qu'il y a une carte à jouer (voir *Contretemps* page 22).

Le plus embêtant à justifier en réalité ce n'est pas le retard, c'est l'oubli d'un rendez-vous. Là, ça se complique...

L'heure c'est l'heure !

Quelle horreur ! Vous n'êtes pas allé à votre rendez-vous avec le chef de la compta, votre Joseph Boulier. Il ne faut surtout pas qu'il s'imagine que vous l'avez oublié. Voilà la solution !

L'astuce : imaginons que le rendez-vous était le jeudi à 15h30, prenez votre agenda et déplacez le rendez-vous en le reculant de 24 heures : vous le notez donc au vendredi pour 15h30.
Le vendredi (surtout cette fois n'oubliez pas), arrivez au bureau de Boulier à 15h30, voire 15h25. En vous voyant, il ne pourra qu'être surpris ! Devant sa réaction, prenez un air déconcerté et sortez votre agenda. Preuve à l'appui, montrez-lui que vous aviez bien convenu d'un rendez-vous aujourd'hui, soit vendredi à 15h30. Dans le doute, il vous recevra et l'oubli sera effacé.
Et si Boulier est trop occupé pour vous recevoir sur l'instant, pas de souci, vous trouverez bien un nouveau créneau à lui accorder.

Chapitre 2

Objectif détente

Vous êtes au travail. Cela ne signifie pas que vous devez travailler. Du moins, pas pour l'entreprise. En tous cas, pas avant d'avoir fait de votre cadre de travail un lieu accueillant. L'environnement est primordial au bien-être du salarié, tout le monde le sait. Une fois que vous aurez personnalisé les lieux, il se peut que vous ressentiez une brutale perte d'énergie...

Gare au surmenage ! Nous avons sélectionné pour vous des activités anti-stress et créatives qui ouvriront à coup sûr vos chakras. La créativité engendre la productivité - tous les pros du séminaire d'entreprise vous le diront. Et si la productivité vous donne des vapeurs, surtout, n'insistez pas : préférez jouer dans votre coin... Un *burn out* est si vite arrivé !

UN CADRE IDÉAL

Feng shui

De la même manière que vous ne vous installeriez pas dans un appartement sans l'avoir visité, vous ne devez pas accepter votre poste sans avoir fait une petite visite de votre futur bureau au préalable.
Avant de prendre votre poste, vous prendrez donc soin de vérifier l'emplacement mais également l'orientation de votre bureau.

1. Il est hors de question que votre bureau soit juste en face des toilettes ! Voir défiler toute la journée les collègues serait une source de contrariété trop importante. Ils risqueraient en effet de vous voir somnoler... Ce conseil vaut également pour l'ascenseur !
2. Il n'est pas d'avantage imaginable de vous placer à côté des toilettes. Cette fois, ce sont les bruits et autres désagréments qui risqueraient de vous empêcher de vous plonger dans vos rêves ou dossiers, c'est selon...
3. Pas question non plus de vous coller au bureau de Prunelle. La liste des raisons serait trop longue à énumérer, mais retenez la principale : vous seriez trop près de la source du travail !
4. Le soleil a un impact direct sur votre humeur. Il permet de fixer la vitamine D et c'est ce qui vous empêchera de déprimer dans ce bureau. Refusez toute orientation plein nord.
5. Pour finir, demandez à ce que votre bureau soit en harmonie avec l'énergie environnementale de manière à favoriser votre bien-être et

votre prospérité. Pour faire simple : votre bureau doit être hyper feng shui, sinon vous ne pourrez pas bien dormir et encore moins travailler. M'enfin !

Maintenant que vous avez pris possession de votre bureau, vous allez vous approprier l'espace en l'aménageant à votre goût.

Les vacances au bureau

Puisque vous ne pouvez pas partir tout de suite en vacances (vous venez d'arriver !) faites en sorte que les vacances viennent à vous. Transformez votre bureau en cité balnéaire.

IL VOUS FAUT :
- UNE BASSINE
- UN SAC DE SABLE
- DES LUNETTES DE SOLEIL

1. Remplissez la bassine de sable.
2. Posez-la sous votre bureau.
3. Retirez vos espadrilles et vos chaussettes.
4. Plongez vos pieds dans le sable.
5. Trouvez un enregistrement du son des vagues sur votre ordinateur.
6. Allumez votre lampe de bureau, tournez-la vers vous et mettez vos lunettes de soleil.
7. Fermez les yeux… Entendez-vous les mouettes ?

Il ne manque plus qu'un petit cocktail…

La salle télé

Que ce soit pour regarder un film ou la Coupe du monde de football, il faut absolument que vous trouviez les arguments chocs pour convaincre Prunelle qu'une télévision est nécessaire dans votre bureau.

Sachez que la persuasion n'est pas innée, mais c'est une capacité que vous pouvez tout à fait acquérir. Il faut travailler cette aptitude et l'approfondir jusqu'à ce que vous soyez convaincant. Même si vous êtes timide, vous allez y arriver… Bon, malgré tout, c'est vrai que cette technique peut prendre un peu trop de temps…

Une autre solution plus rapide consiste à surveiller le prochain déménagement de bureaux. Profitez du moment où les cartons sont entreposés dans le couloir pour modifier les étiquettes. Cherchez le carton qui contient l'écran de télé d'un chef et remplacez le numéro de son bureau par le vôtre. Les déménageurs n'y verront que du feu, et de toute façon ils ne chercheront pas à comprendre : ils déposeront le colis à l'endroit indiqué.

Une fois le colis livré, ne jetez pas le carton. Gardez-le précieusement : il permet bien évidemment de camoufler l'écran.

Le coin repos

C'est au moment où la digestion commence que vos paupières commencent à peser de plus en plus lourd. Rien ne sert de résister... Après une bonne sieste vous serez bien plus efficace ! D'ailleurs, de plus en plus d'entreprises l'ont compris et ont investi dans une salle de repos. Puisque votre Prunelle n'en est pas forcément arrivé à ce stade de réflexion, confectionnez votre canapé avec les moyens du bord.
L'idée la plus rapide à mettre en place et qui demande très peu d'efforts consiste à rassembler toute votre paperasse et à la répartir sur le sol. Vous pouvez récupérer le contenu de toutes les corbeilles à papier pour épaissir votre matelas. Il est également possible de compléter par le contenu de la broyeuse à papier. Vous verrez, c'est moelleux, voire confortable !

Petit conseil en plus :
Pensez à vous positionner sur le côté pour éviter de ronfler. Il ne faudrait pas empêcher les voisins de travailler.
Vous dormez enfin et faites de jolis rêves. Heureusement que vos yeux sont fermés parce, que quand on regarde la décoration des bureaux, c'est plutôt déprimant.

L'art au bureau

Votre étage n'a aucune originalité ! La salle de réunion est triste et sordide et, comble du comble, votre bureau est moche à souhait. Amenez le *street art* dans votre bureau !

IL VOUS FAUT :
- DES CARTOUCHES D'ENCRE DE L'IMPRIMANTE
- DES MARQUEURS
- DES SURLIGNEURS
- UNE PAIRE DE CISEAUX
- UNE BÂCHE (POUR PROTÉGER LA MOQUETTE)

Version Pollock-Ploc-Ploc :

1. Avec la paire de ciseaux, faites des trous dans les cartouches d'encre.
2. Une à une, jetez-les contre le mur, en variant la force et la hauteur.
3. Récupérez celles qui ne sont pas encore vides et recommencez.
4. Sautez sur celles qui sont restées à terre, pour éclabousser les plinthes.

Le résultat devrait être beaucoup plus... gai !

Version grotte :

1. Demandez à chacun de vos collègues de choisir une couleur et de s'en couvrir les mains.
2. Il ne leur reste qu'à appuyer leurs paumes sur votre mur pour le couvrir d'empreintes.
3. Cessez quand vous ne voyez plus la couleur d'origine.

Version tag :

1. Chacun armé d'un marqueur ou d'un surligneur, vous écrivez vos prénoms en gros sur toute la surface.
2. Vous pouvez ajouter vos surnoms, de petites phrases et de grandes pensées… Laissez libre cours à votre imagination sur ce mur d'expression libre.

La vie en rose

Pour égayer votre bureau, ne laissez rien au hasard. Après avoir relooké les murs, occupez-vous des étagères.
Allez auprès de la personne chargée des fournitures de bureau et commandez-lui des classeurs, des pochettes, des dossiers, des intercalaires, un pot à crayons, un tapis de souris, un sous-main… le tout de couleur… rose. C'est le plus efficace pour voir la vie en rose, bien évidemment.

Ne cherchez pas à ce que tout ce matériel vous soit utile, c'est juste pour colorer votre bureau. Vous pouvez également demander des classeurs de toutes les couleurs. Là non plus, vous n'en avez pas besoin, mais votre armoire sera belle comme un arc-en-ciel au printemps.

Et puis, suivez les modes ! C'est la tendance de la couleur anis ? Demandez à tout remplacer en vert anis. C'est la mode du bleu vintage ? Changez tout ! Ensuite, attaquez-vous aux fenêtres…

Météo

Si l'hirondelle ne fait pas le printemps, telle la grenouille, choisissez votre météo. La grise mine, ce n'est pas pour vous, alors souriez !

Récupérez un stock de surligneurs jaunes fluo et coloriez l'intégralité de la surface vitrée de vos fenêtres. C'est fou ce qu'il fait beau aujourd'hui : le soleil est entré dans votre bureau !
En revanche, si vous avez peur d'avoir trop chaud ou que vous avez la désagréable impression d'avoir attrapé la jaunisse, optez pour la version neige !
Fouillez dans la réserve et récupérez tous les vieux stocks d'œillets de classeur (de toute façon, plus personne ne les utilise). Collez-les un à un sur vos vitres. L'effet est quasi instantané : il neige !
Cette petite ambiance hivernale est parfaite pour envisager une sieste au coin du feu… ou du radiateur.

La seule chose qui vous manque c'est la vue sur le lac mais vous allez remédier à cela.

Vue imprenable

Vous qui n'avez pas pour habitude de perdre du temps à la photocopieuse, pour une fois c'est votre tour et c'est pour la bonne cause.
Choisissez la photographie d'un magnifique paysage sur Internet, imprimez-la. Puis allez à la photocopieuse et agrandissez-la jusqu'à ce que vous obteniez la taille nécessaire pour recouvrir toute votre fenêtre. Si besoin, collez les agrandissements les uns aux autres à la manière d'un puzzle pour que l'effet soit total. Alors, on n'est pas bien là ? Les doigts de pied en éventail sur le clavier de l'ordinateur ? Tiens, et si vous le customisiez, celui-là ?

Sur la touche

Avec la mode du DIY (*Do It Yourself*), une profusion de matériaux s'offre à vous pour personnaliser tous les accessoires de votre quotidien. Avez-vous testé le *masking tape* ?
Votre ordinateur est le support rêvé pour jouer avec ces rubans adhésifs aux multiples motifs colorés. Découpez des petits carrés de différentes couleurs et collez-les sur les touches de votre clavier, ce sera beaucoup plus gai.
Ajoutez des bandes de ruban sur les quatre côtés de votre écran de façon à obtenir un magnifique cadre photo.
Complétez le tout avec votre photo en fond d'écran.

Un peu de douceur

Un peu de douceur dans ce monde de brutes, ça ne peut pas faire de mal. Votre collègue a mis une petite fleur sur son bureau, quelle bonne idée !
Il y a toujours une M'oiselle Jeanne pour apporter du soin à son bureau. Prenez exemple et fleurissez le vôtre.

IL VOUS FAUT :
-UNE PAIRE DE CISEAUX
-DES CRAYONS
-DES PUNAISES

1. Photocopiez un dessin de fleurs et coloriez les pétales un à un.
2. Découpez les fleurs en suivant les contours.
3. Piquez le cœur de chaque fleur sur l'extrémité de chaque crayon. Placez ce bouquet délicat sur le rebord de votre fenêtre.

Sachant que les fleurs portent un message, n'hésitez pas à compléter les pétales de petits mots gentils. Offrez-en au collègue de votre choix. Personne ne pourra résister à une si charmante attention.

ACTIVITÉS ANTI-STRESS ET CRÉATIVES

Gymnastique optique

Tout le monde le sait, les écrans fatiguent les yeux. Il existe aujourd'hui plusieurs méthodes pour les détendre. Et pourquoi pas les illusions ?
Les lunettes sont adaptées à nos écrans, mais ça ne suffit pas. Il faut que vos yeux regardent autre chose. Concentrez-vous sur cette image et laissez-vous hypnotiser par ces cercles qui tournent. L'effet est bluffant.
La gymnastique oculaire se développe de plus en plus. Après votre séance d'illusion, détendez vos yeux en regardant le plafond sans lever la tête. Regardez en bas, sans baisser la tête. Regardez à droite, puis à gauche, toujours sans bouger la tête. Recommencez plusieurs fois de suite avant de replonger vos yeux dans l'écran.
Finalement, le secret de cette gymnastique oculaire, n'est-ce pas de voir les choses sous un autre angle ? Vous avez essayé la position de l'autruche ? Pas le temps, c'est le moment de filer au pot de départ de machinette. Youpi !

Muselet

Réjouissez-vous, trinquez gaiement, puis, avant que les collectionneurs ne récupèrent les capsules, attrapez-les au vol et conservez les muselets. Ces petites merveilles vont vous occuper un bon moment. Comment ? En tentant de leur donner une forme reconnaissable. Tortillez les fils, enroulez-les, déformez-les et… Tadam ! Un bonhomme ! M'enfin, presque…
Laissez faire vos petits doigts et votre imagination, les bulles feront le reste. Lorsque vous serez lassé de cette activité, passez au coloriage.

Zen

C'est un incontournable, vous avez certainement déjà eu affaire à lui : le coloriage anti-stress.
Pour savoir si ça fonctionne, le mieux c'est de tester. Rassemblez vos plus beaux crayons et coloriez ce mandala.

Alors, vous vous sentez zen ? Si le résultat vous plait, prolongez l'activité en découpant le mandala pour le coller sur votre tapis de souris.

Peut-être que l'effet zen fonctionne aussi en le regardant fixement ? Attention, vos paupières sont lourdes, lourdes...

I have a dream

Nous ne le répéterons jamais assez, il est indispensable pour votre bien-être de respecter ce vieil adage : « après l'effort, le réconfort ». Allez, zou ! C'est l'heure de la sieste.

1. Photocopiez le dessin d'un oreiller.
2. Prenez vos crayons de couleur et dessinez-y votre plus beau rêve.
3. Posez votre tête sur l'oreiller de vos rêves et faites une petite sieste.

Il est important de s'endormir avec une pensée positive, c'est ce qui vous empêchera de faire un cauchemar. Songez par exemple au beau métier que vous pourriez exercer...

Un métier qui a de l'avenir

Certains petits métiers ont disparu, dont la célébrissime dame pipi. Pourquoi ne pas remettre cette activité au goût du jour en modifiant légèrement son appellation ? Cette occupation, également accessible aux hommes, est parfaitement anti-stress dans la mesure où elle ne demande que très peu d'efforts.

IL VOUS FAUT :
- UNE PETITE TABLE
- UNE CHAISE
- UNE COUPELLE
- UNE CARTE DE VISITE GRAND FORMAT
- UN FEUTRE

1. Placez la table à l'entrée des toilettes, à côté de la porte.
2. Placez la chaise derrière la table, c'est ici que vous pourrez vous installer.
3. Posez votre coupelle sur la table. Si vous avez des doutes sur l'honnêteté de certaines personnes, remplacez la coupelle par une petite boîte en carton dans laquelle vous aurez préalablement réalisé une fente. Ou alors, passez aux choses sérieuses et utilisez une tirelire.
4. Pliez en deux la carte de visite sur le verso.
5. Écrivez votre texte : « Merci ». Il peut être suivi d'une petite signature qui orientera la personne sur votre rôle en ces lieux : « la baronne de Scrogneugneu » ou « l'auteur des bons conseils » ou encore « le canard déchaîné du p'tit coin-coin ».
6. Posez la carte en position montagne juste à côté de la coupelle.

Maintenant, patientez toute la journée et venez ramasser le soir le fruit de votre labeur. Gagner de l'argent sans rien faire, quel bonheur ! Avec un peu de chance ça paiera au moins le café.
Et si votre patron devine que c'est encore vous l'auteur de cette expérience, ce sera un très bon moyen de lui faire comprendre que, si vous en êtes arrivé à vouloir arrondir vos fins de mois, c'est bien parce qu'en réalité vous auriez besoin d'une petite augmentation. Un tel esprit d'initiative mérite une récompense. Cependant...

Vaudou

Vous avez beau faire, votre boss ne comprend ni votre créativité, ni votre esprit d'initiative, et après il ose dire que vous ne faites rien. Puisque c'est comme ça, passons aux choses sérieuses.

IL VOUS FAUT :
-UNE POUPÉE VAUDOU
-DES PUNAISES
-UNE AGRAFEUSE
-UNE PAIRE DE CISEAUX POINTUS

1. Créez votre poupée vaudou : dessin, couture, vol, recyclage, tous les moyens sont bons !
2. Choisissez les points de pression de votre poupée. Par exemple :
    - Il est content de moi sur l'épaule gauche,
    - Il est aimable sur le coude droit,
    - Il m'augmente sur le ventre,
    - Il a mal à la tête sur la cuisse droite,
    - Il vient s'excuser sur le dos,
    - Il démissionne sur le pied gauche, etc.
3. Récupérez une photo de votre chef sur le site de votre entreprise, sur sa carte de visite ou dans le magazine info de la boîte.
4. Imprimez-la, découpez-la, pour n'en garder que la tête.
5. Collez cette photo à l'emplacement prévu à cet effet.
6. Soulagez-vous. Piquez-lui le nez, agrafez-lui les jambes, déchirez sa chemise ! Choisissez parmi les points stratégiques et visez juste.

On ne dit pas que c'est bien, on dit que ça soulage !

L'astuce en plus : Si vous avez réussi à récupérer un de ses cheveux sur un dossier de chaise, n'hésitez pas un seul instant, collez-le sur la tête, l'efficacité n'en sera que plus grande. Il faut bien l'avouer, le souci c'est : et si ça fonctionne vraiment...
Comment allez-vous faire ? D'ailleurs vous avez un petit doute. Prunelle semble tout angoissé, est-ce que vous n'y seriez pas un peu pour quelque chose ?

Give me five !

Maintenant il n'y a plus de doutes, votre boss n'est pas en forme. Du coup, il est plus désagréable que jamais. De toute façon il n'a jamais su vous estimer à votre juste valeur.
Le chef est incapable de vous féliciter. Pas de panique, THE solution est à portée de main, congratulez-vous vous-même !

> IL VOUS FAUT :
> -UNE FEUILLE BLANCHE
> -UN CRAYON
> -UNE PAIRE DE CISEAUX
> -DU RUBAN ADHÉSIF

1. Posez la main avec laquelle vous n'écrivez pas sur une feuille blanche.
2. Prenez un crayon et tracez le contour de votre main.
3. Découpez le contour de la main que vous avez dessinée.
4. Collez cette main sur la porte.

Maintenant vous avez deux options :
-Soit vous aimeriez que votre boss vous congratule d'une manière un peu paternaliste, tout en gardant une certaine distance.
-Soit vous aimeriez que votre boss vous congratule un peu à la manière d'un pote.

Dans le premier cas de figure, retournez-vous et tapez votre dos sur la porte à plusieurs reprises. Ce sera comme s'il vous tapotait l'épaule en vous disant : « C'est bien Gaston, t'as réussi ton challenge ! »
Dans le second cas de figure, levez votre main et tapez un grand coup dans la main de papier. Ce sera comme si c'était Jules-de-chez-Smith-en-face qui vous disait : « Bien joué, on est une super équipe ! »
À partir de maintenant, à chaque fois que vous être content de vous, tapez dans la main !

Organigramme

Continuez sur cette lancée positive ! Faites-vous plaisir et choisissez votre place dans l'organigramme de vos rêves. Prenez un stylo et notez là où bon vous semble, ou là où cela vous semble le plus juste, le nouveau poste de chacun. Ne vous retenez pas, cette activité est là pour vous détendre et vous faire du bien.
Vous pouvez même pousser la folie jusqu'à devenir le chef à votre tour : échangez votre nom avec celui de Prunelle. Ça ne fait de mal à personne et ça fait du bien au moral.

Félicitations

Ne soyez pas modeste. Au contraire, soyez fier de vous et affichez au vu et au su de tous votre parcours...
L'étape la plus compliquée va certainement être de remettre la main sur votre diplôme. Surtout si vous n'en avez pas !
Dans ce cas, fouillez bien et retrouvez vos diplômes sportifs : natation, athlétisme, danse, judo... Ça fait toujours bien de montrer qu'on prend soin de son corps et de sa santé.
Vous n'avez pas de diplôme à accrocher ?
Prenez celui de votre voisin, effacez les mentions spécifiques (nom, etc.) puis photocopiez le diplôme... À vous de le compléter avec la qualification et le niveau de votre choix. Vous pouvez même en faire suffisamment pour recouvrir entièrement les murs de votre bureau. Et surtout, n'oubliez pas de vous ajouter une petite mention, ça fait toujours bien. Encadrez votre diplôme et congratulez-vous, ça aussi c'est bon pour le moral. Vous méritez d'être l'employé du mois...

Employé du mois

On ne vous a jamais convoqué pour vous annoncer que vous aviez été élu employé du mois ? C'est étrange. C'est certainement parce que votre entreprise ne pratique pas ce genre de congratulation.
Prenez les devant et organisez vous-même votre sélection !

1. Photocopiez un tableau d'honneur en l'agrandissant.
2. Inscrivez le nom de votre entreprise dans le cartouche prévu à cet effet.
3. Préparez la liste des nominés pour la place d'employé du mois.
4. Avec des critères complètement subjectifs, choisissez la personne qui vous semble mériter cette distinction.
5. Collez sa photo dans le cadre prévu à cet effet et ajoutez son nom en haut de la liste.

Il est bien entendu que vous avez tout à fait le droit de vous choisir pour inaugurer ce tableau. Vous pouvez d'ailleurs décider de renouveler votre récompense chaque mois. De toute façon, vous en êtes convaincu, vous êtes le meilleur ! Et si vos collègues en doutent, gare à leurs oreilles...

Siffler en travaillant !

L'air de rien, entrez dans l'*open space* en sifflotant. Mais attention, vous ne sifflotez pas n'importe quoi, enfin... si justement : choisissez un air bien prenant, bien entêtant, vous savez, ce genre d'air qui, une fois que vous l'avez entendu, ne vous quitte plus de la journée.
Voici quelques exemples pour illustrer notre propos :

-« Siffler en travaillant » de *Blanche-Neige et les sept nains*,
-*Le Petit Bonhomme en mousse* de Patrick Sébastien,
-*La Chenille* de La Bande à Basile,
-*Pour que tu m'aimes encore* de Céline Dion,
-*Tata Yoyo* d'Annie Cordy, etc.

Ça y est, vous voyez ce qu'on veut dire ? Alors, maintenant, à vous de choisir l'air qui se rapproche le plus de votre répertoire connu. Si vous vous débrouillez bien, vous devriez entendre plus d'un collègue s'exaspérer d'avoir ce P#@!*# d'air dans la tête, et c'est ça qui est drôle !

Évidemment, il y a ceux que ça ne fera pas rire. Qu'à cela ne tienne, vous avez votre collègue sympa qui n'est pas très loin. Le seul souci est de réussir à discuter avec lui sans déranger les autres.

DÉFIS ET JEUX EN SOLO

Impression

Alors que certains collègues réussissent très bien à travailler et à se concentrer, d'autres ne font que taper la discut', mais, pour vous, ce lieu reste une vraie source d'inspiration pour la fantaisie. Vous ne vous ennuyez jamais !

Une petite blague simple, pas méchante et facile à faire à tout moment de la journée, consiste à passer près de l'imprimante, à récupérer les dernières impressions sorties et à les déposer sur n'importe quel bureau et, si possible, pas sur celui de la personne qui a demandé l'impression. Et puisque le comique de répétition ne vous fait pas peur, faites-vous plaisir et recommencez autant de fois qu'une feuille de papier imprimée vous tend les bras.

Le bonheur, c'est simple comme une feuille de papier mal placée. Et, soyez sans crainte, il y a d'autres possibilités qui se présentent à vous.

Customisation

Sur le bureau du patron il y a certainement son mug, rien qu'à lui, dans lequel il boit son café à longueur de temps. Ça tombe bien, nous avons là une petite mission pour vous occuper intelligemment...

IL VOUS FAUT :
-UNE FEUILLE DE PAPIER
-UN FEUTRE
-UNE PAIRE DE CISEAUX
-UN TUBE DE COLLE LIQUIDE

1. Profitez de l'absence du patron pour vous glisser discrètement dans son bureau. L'heure du repas est certainement le moment le plus propice à la discrétion.
2. Subtilisez le mug en question.
3. Prenez la mesure de son fond : posez-le sur une feuille et faites-en le tour avec un feutre.
4. Découpez ce rond et inscrivez-y le message qui vous semble correspondre le mieux à ce que vous pensez de votre chef. Par exemple :
    -Je suis lourd.
    -Gruick ! Gruick !
    -Quoi ma gueule ?
    -J'pige kedal.

Si aucun message n'est adapté à votre situation, ou que vous sentez l'inspiration monter en vous, écrivez votre propre texte.
5. Collez le disque sous le mug.
6. Toujours en toute discrétion, retournez dans le bureau de Prunelle pour y déposer son mug, exactement à son emplacement initial.
7. Retournez à votre poste.

Maintenant, il ne vous reste plus qu'à patienter jusqu'à son retour. Au moment où il ressortira de son bureau, le mug à la main, et qu'il lèvera le bras pour le porter à la bouche... le petit message lisible de tous, sauf de lui, assurera un fou rire général !
Surtout ne craquez pas. S'il vous voit rire avant tout le monde, il aura de gros doutes. C'est vrai après tout, c'est peut-être Lebrac qui a eu cette idée !

Le chat et les souris

Le meilleur moment pour opérer discrètement en ces lieux, où vous êtes habituellement au vu et au su de tout un chacun, est l'heure de la pause déjeuner. Donc, tel un félin, patientez dans votre coin avant de passer à l'action.

À pas feutrés, passez de bureau en bureau pour débrancher et prendre les souris.
Cachez-les derrière une plante, dans un tiroir, au-dessus d'une armoire, dans une corbeille à papier, aux toilettes... Où vous voulez pour que vos collègues perdent du temps à les retrouver. C'est plutôt sympa de votre part de penser à leur fournir une bonne excuse pour ne pas travailler.
Lorsqu'ils s'apercevront de la disparition de leurs souris, il se peut qu'ils aient deux sortes de réactions :

1. Tout le monde trouve ça drôle et le temps qu'ils retrouvent toutes les souris, vous aurez provoqué une bonne partie de rigolade.
2. Tout le monde s'agace et là vous vous faites discret.

Dans le cas où ce serait cette dernière réaction qui prendrait le dessus, vous pouvez toujours vous excuser en prétextant que votre signe astrologique chinois est celui du chat.
Quelle que soit la conséquence de cette farce, vous aurez toujours gagné une dizaine de minutes à palabrer au lieu de bosser. Et on ne le répètera jamais assez, c'est trop bon.

Tiens, mais au fait, où est parti votre collègue, l'informaticien ?

Le web

La toile ? L'informaticien maîtrise à fond ! D'ailleurs il maîtrise tellement bien que vous allez transformer son bureau en véritable toile d'araignée. Tandis que votre collègue s'est absenté, rassemblez toutes les bobines de fils que vous pourrez récupérer auprès de vos collègues. Demandez à M'oiselle Jeanne ses pelotes de laine, à Suzanne des rallonges, à Lebrac des câbles...

Nouez la première extrémité de votre fil à un pied du bureau, tendez le fil autour de la chaise, attachez-le à la lampe, contournez le meuble, passez sous le bureau, nouez à nouveau au pied de la chaise. Prenez un deuxième fil et recommencez avec un autre point de départ, d'autres étapes et un nouveau point d'arrivée. Normalement, quelques nœuds plus tard, l'ensemble des fils devrait matérialiser une magnifique toile d'araignée. Le résultat peut être impressionnant. Lorsque votre collègue reviendra, rejoindre son poste de travail sera mission impossible. Encore un qui va pouvoir vous remercier de lui avoir offert du temps de repos ! Alors, vous vous lancez ?

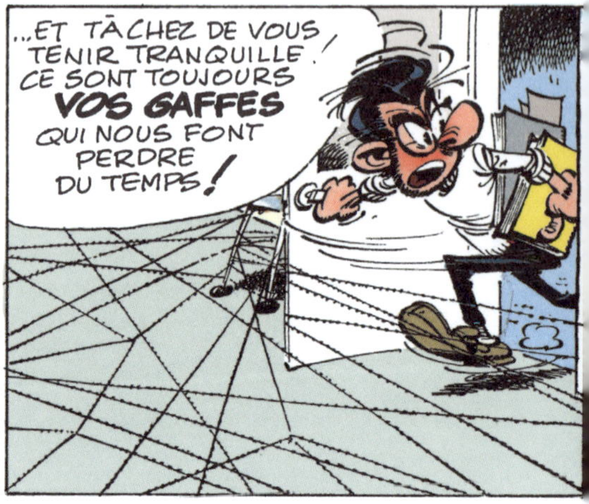

La trouilloteuse

Faire semblant de travailler, c'est bien, mais il ne faudrait pas s'ennuyer. Et puisque le boss a une fâcheuse tendance à être pénible, c'est le moment de lui faire une petite blagounette.
Perforatrice, poinçonneuse, trouilloteuse, appelez-la comme vous voulez, en tout cas ce sera elle votre complice d'aujourd'hui.

IL VOUS FAUT :
- UNE TROUILLOTEUSE
- UNE FEUILLE DE PAPIER
- UNE POCHETTE PLASTIQUE
- DES SURLIGNEURS

1. Coloriez préalablement la feuille de papier comme bon vous semble. Faites des ronds, des carrés, des gribouillages, le but est qu'il ne reste plus un espace blanc ! N'oubliez pas de recommencer sur le verso.
2. Trouillotez l'intégralité de la page pour récupérer un maximum de confettis.

3. Ouvrez la réserve de votre trouilloteuse et rassemblez le fruit de votre travail dans une pochette en plastique préalablement récupérée au service des fournitures.
4. Si vous considérez que votre récolte n'est pas suffisante, faites le tour de vos collègues. De Joseph Boulier, le chef de la compta, à M'oiselle Jeanne, en passant par Lebrac, tout le monde devrait pouvoir collaborer à votre collecte.
5. Guettez le moment où votre cher Léon Prunelle va quitter son bureau et videz votre pochette de confettis dans son parapluie.
6. Laissez faire le temps, et viendra bien le moment où il pleuvra et où il se retrouvera sur le trottoir à ouvrir son parapluie... de confettis. Et là, c'est l'agent de police Longtarin qui va bien rigoler en voyant tous ces petits points se coller sur le visage de votre chef.

Ah, ça fait du bien de se détendre ! Et puisque Prunelle est de sortie, vous allez même pouvoir en remettre une couche.

Incognito

Vos facéties en lassent plus d'un ? Le mieux est que vous puissiez passer incognito à certains moments stratégiques. Pour ne pas être reconnu par l'ensemble de vos collègues et différents responsables, victimes de vos exactions, voici le kit incognito, le kit qu'il vous faut !

IL VOUS FAUT :
- UNE PAIRE DE CISEAUX
- DES ÉLASTIQUES LARGES
- UNE AGRAFEUSE
- DES FEUTRES

1. Photocopiez une moustache, une barbe, des lunettes, un nœud papillon et coloriez-les de la couleur qui vous sied le mieux.
2. Découpez les postiches, les lunettes, etc.
3. Coupez en deux des élastiques et agrafez-les bout-à-bout pour obtenir environ 40 cm de longueur.
4. Agrafez les extrémités de la première bande élastique de chaque côté de la moustache. Puis recommencez avec les lunettes et autres accessoires.
5. Allez aux toilettes pour vous transformer devant le miroir. Tadam ! Un inconnu sort des toilettes.

Évidemment, votre tenue vestimentaire peut vous trahir… Quoi qu'il arrive, dites-vous que vous aurez su, encore une fois, surprendre par votre créativité. Si Prunelle pique encore une crise, tombez le masque et enfermez-vous pour vous adonner à des jeux plus sages.

Dans le mille !

Le jeu des fléchettes nécessite beaucoup d'adresse. Alors ne vous laissez pas déconcentrer par le premier venu. Vous n'avez pas de cible ? Pas de souci, la photo de Prunelle ou de De Mesmaeker suffit.

1. À l'aide d'un compas, tracez un cercle et découpez le contour de la photo.
2. Tracez des cercles concentriques pour délimiter différentes zones.
3. Notez une valeur pour chaque zone. Plus vous vous rapprochez du centre et plus la zone rapporte de points.
4. Avec de la pâte adhésive, collez la cible au dos de votre porte de bureau. Cela permet de garder le jeu à l'abri du regard de ceux qui se permettraient d'entrer dans votre bureau.
5. Puisque vous n'avez pas forcément de fléchettes sous la main, formez des boulettes de papier humidifié. Si vous vous sentez l'âme d'un artiste, imbibez les boulettes de papier d'encre colorée. Jetez les boulettes en direction de la cible, cela peut donner au final une véritable œuvre d'art défouloir. Une boîte de sardines peut aussi faire l'affaire.

Il y a également la version je-lance-les-ciseaux-pour-les-planter-en-plein-dans-le-mille, mais là ça peut être dangereux. Il ne faudrait pas qu'une personne ouvre la porte au mauvais moment. Ce jeu ayant sollicité toute votre énergie, nous vous conseillons une petite pause avant de faire travailler vos méninges.

Overbooké

Attention, ce mini-test de connaissances risque de vous épuiser... Il s'agit de vérifier vos acquis concernant les bases du vocabulaire usité en entreprise. Reliez chaque mot à sa bonne définition.

1. ASAP

2. Brainstorming

3. Conf call

4. Deadline

5. Forwarder

6. FYI

7. Punchline

A. Faire suivre une information, un e-mail à d'autres personnes.
B. Dire sans agresser que c'est urgent.
C. Échéance, date butoir.
D. Donner une info à quelqu'un.
E. Réunion (ré)créative où l'on collecte toutes les idées.
F. Répartie percutante, phrase avec une image forte.
G. Réunion téléphonique professionnelle à plusieurs.

Solutions : 1 - B. As Soon As Possible : « Dès que possible ». **2 - E.** « Tempête de cerveau ». **3 - G.** « Conférence au téléphone ». **4 - C.** « La ligne de la mort ». **5 - A.** « Transférer ». **6 - D.** For Your Information : « Pour votre information ». **7 - F.** Punch : « Coup de boxeur ».

Si le cœur vous en dit, gommez vos réponses et proposez ce test à vos collègues, histoire de faire une petite pause à plusieurs. Ensuite, détendez-vous et allez pêcher en solitaire !

Une journée pêche

IL VOUS FAUT :
- UNE ALLUMETTE
- DU FIL
- UNE PAIRE DE CISEAUX
- UN MANCHE À BALAI
- UNE BOUTEILLE EN PLASTIQUE VIDE
- DU RUBAN ADHÉSIF

Bricolage :

1. Coupez une longueur de fil de 80 cm.
2. Nouez fermement le fil au milieu de l'allumette.
3. Nouez l'autre extrémité du fil autour du manche à balai.
4. Customisez votre bouteille en poisson : imprimez une photo trouvée sur Internet et scotchez-la directement sur la bouteille.

La pêche :

1. Placez la bouteille au sol, devant vous.
2. Asseyez-vous confortablement dans un petit fauteuil. Chut ! Ne faites pas de bruit, il ne faut pas déranger le poisson.
3. Approchez votre hameçon du goulot de la bouteille.
4. Vous avez une touche ! Laissez l'hameçon tomber à l'intérieur de la bouteille.
5. Relevez votre canne et saisissez votre prise.
6. Maintenant c'est l'heure du selfie pour faire partager à Jules-de-chez-Smith-en-face ce pur moment de bonheur. C'est comme si vous y étiez !

Chapitre 3

S'occuper intelligemment

Bricoler, expérimenter, cuisiner… Au bureau, tout est possible, voire même nécessaire. Car s'il est évident que le travail nuit à la santé, l'inactivité est tout aussi redoutable ! Vous avez besoin d'occupations saines qui sollicitent et stimulent le corps et l'esprit. Désœuvré, vous risquez de souffrir d'un sentiment d'inutilité qui vous mènera tout droit chez le médecin du travail. Lequel risque de vous coller un arrêt-maladie qui vous empêchera de vous épanouir. Car, oui, l'épanouissement au bureau, c'est possible ! Le cadre est même particulièrement propice à une foule d'activités qui vous donneront envie de courir chaque matin au travail… pour ne pas travailler. Retroussez vos manches, la journée va passer à la vitesse de l'éclair !

BRICOLER AU BUREAU

Cadre supérieur

C'est une habitude dans les bureaux : les collègues ont très souvent une photo de leurs amis ou enfants. Appropriez-vous l'espace et ne soyez pas timide, accrochez votre photo sur le mur !
Vous ne seriez pas contre l'idée d'être cadre, voire cadre supérieur. C'est donc l'occasion d'accrocher le cadre de votre photo bien en hauteur pour que tout le monde puisse le voir.
En plus de votre photo, vous pouvez encadrer celle de votre chat, votre mouette... Tous les collègues qui aiment les animaux vont vous imiter, c'est sûr !
Si vous êtes allergique, rien ne vous empêche d'accrocher votre star ou votre sportif préféré. Après tout, rappelez-vous que c'est votre bureau.
Avant de fixer l'attache il peut être utile de vérifier la composition de la cloison. S'agit-il d'un mur porteur, de plaques de plâtres... Ce serait embêtant de tout casser !
Ensuite, s'il vous reste
un peu de temps, envisagez de ranger votre bureau...

Organisé

Il n'est pas toujours facile de s'y retrouver dans tout ce bazar : des feuilles, des ciseaux, du ruban adhésif, un téléphone... Mais au fait, où est-il caché ?
Pour que chaque chose soit à sa place et que vous ne perdiez plus de temps à chercher, il y a la méthode simple et efficace du bricoleur. En effet, tout bon bricoleur a un atelier bien rangé et son secret, ce sont les dessins. « Quels dessins ? », direz-vous. Eh bien les dessins qui représentent les contours de chaque outil et indiquent ainsi leur emplacement.

1. Posez sur votre bureau votre ordinateur, mug, téléphone portable, pot à crayons, pile de dossiers, boîte de mouchoirs, dérouleur de ruban adhésif, oreiller... bref, tout ce dont vous avez besoin pour travailler. Placez-les de sorte qu'ils ne se chevauchent pas, chaque chose est à sa place.

2. Prenez un marqueur indélébile et tracez sur votre bureau le contour de chaque objet.

3. Maintenant, à chaque fois que vous prendrez un des éléments posés sur votre bureau, au moment de le reposer, vous serez inévitablement attiré par son petit dessin qui vous rappellera que c'est là qu'il doit être. Votre bureau sera toujours impeccable. C'est Prunelle qui va être impressionné !

Cependant, comme toujours, les bureaux sont trop petits et vous n'aurez bientôt plus de place pour votre courrier. Pour qu'il ne finisse pas à la poubelle, faites un tri.

Tri roulé

IL VOUS FAUT :
- DES ROULEAUX DE PAPIER ESSUIE-TOUT VIDES
- UN PINCEAU
- DE LA PEINTURE
- DES ÉTIQUETTES AUTO-COLLANTES
- DE LA COLLE
- DES CISEAUX

1. Peignez vos rouleaux de différentes couleurs.
2. Collez-leur des étiquettes et donnez-leur un nom : urgent, prioritaire, inconnu, trop tard, etc.
3. Collez les tubes horizontalement sur le mur, les uns au-dessus des autres.
4. Roulez vos courriers et glissez-les dans le tube correspondant.

Ça c'est une affaire qui roule ! Vous avez bien travaillé, tout est organisé au top dans votre bureau. Vous avez besoin d'air...

La campagne à portée de main

IL VOUS FAUT :
-UNE PALETTE
-UN SAC POUBELLE NOIR
-UNE AGRAFEUSE
-DE LA TERRE
-DES FLEURS

1. Agrafez à l'intérieur de la palette votre sac poubelle noir.
2. Remplissez le sac de terre.
3. Entre chaque lame de la palette, creusez de petits trous dans le plastique.
4. Plantez une petite fleur dans chaque trou.
5. Redressez la palette. Il ne vous reste plus qu'à couvrir vos murs de palettes fleuries.

Pour compléter la décoration, vous pouvez :

-Imprimer des photos de tournesols et les coller sur vos vitres.

-Installer des plantes grimpantes le long des stores.

-Remplacer la moquette par de la pelouse synthétique.

-Remplir votre pot à crayons de terre pour y mettre un cactus.

-Profiter de la taille de votre poubelle pour y planter du bambou.

Et la touche finale :

-Sur Internet vous trouverez sans souci quelques coccinelles et autres insectes pour rendre ce bureau plus vrai que nature.

Il vous tarde de raconter votre expérience de jardinier à votre collègue préféré ? Inutile de déconcentrer les autres : utilisez le yaourtophone !

Le yaourtophone

Si vous discutez avec un collègue qui se trouve à deux bureaux de vous, vous risquez de déranger les autres. Si vous communiquez par téléphone, tout le monde voit que vous discutez. Si vous communiquez via votre messagerie, tout le monde voit votre écran. Mais si vous avez un pot de yaourt devant la bouche, tout le monde croira que vous finissez votre pause déjeuner.

IL VOUS FAUT :
- DEUX POTS DE YAOURTS VIDES ET PROPRES
- UN COMPAS
- DU FIL

1. Percez un trou dans le fond de chaque pot.
2. Enfilez le fil dans le premier trou et faites un nœud à l'intérieur du pot.
3. Recommencez l'opération avec le second pot.
4. Gardez un combiné et apportez l'autre à votre collègue.
5. Tendez le fil entre vos deux combinés-yaourts. Prononcez un mot dans votre yaourt tandis que votre collègue porte le sien à son oreille : le son passe d'un yaourt à l'autre !

Génial ! Vous allez retrouver un peu d'intimité. M'enfin !
À vous la liberté de choisir ceux avec qui vous voulez parler. À vous la liberté de discuter en toute discrétion. À vous la liberté de rire entre collègues ! On vous réclame le silence ? Empoignez votre perceuse et passez au bricolage suivant.

Bibli-palette

Relevez vos manches pour fabriquer une petite étagère-bibliothèque sur laquelle vous pourrez déposerez quelques saines lectures. Vos collègues sauront apprécier votre ingéniosité.

IL VOUS FAUT :

- UNE PALETTE
- UNE SCIE (UN CUTTER NE SUFFIRA PAS)
- UNE PERCEUSE
- DEUX CHEVILLES
- SIX VIS
- UNE VISSEUSE (OU UN TOURNEVIS)
- DES MAGAZINES
- UNE PAIRE DE CISEAUX
- DE LA COLLE

1. Sciez votre palette sur toute la longueur.
2. Récupérez une des autres planches et fixez-la en bas. Utilisez quatre vis.
3. Découpez les pages d'un magazine et collez-les sur votre étagère de sorte à recouvrir tout le bois.
4. Attendez que la colle sèche. Profitez-en pour faire une pause.
5. Percez deux trous dans le mur.
6. Enfoncez deux chevilles de la bonne dimension et vissez l'étagère.
7. Inaugurez votre étagère en y déposant un ou deux livres. Ce sera peut-être le début d'une bibliothèque partagée.

Maintenant que ce lieu est devenu un espace culturel assumé, partagez votre culture... sur les murs. Ce sera pour certains l'occasion de revenir dans l'*open space* avec un sujet de conversation. Lorsque vous aurez épuisé le sujet, revenez à vos moutons et boostez votre potentiel à l'aide d'un bilboquet.

Bilboquet

Pour être efficace il fait savoir être concentré et réactif. Le bilboquet est l'accessoire idéal pour vous y entraîner. M'enfin, ce sera l'excuse que vous donnerez à votre patron.
Allez dans le bureau des fournitures et rassemblez les accessoires nécessaires pour fabriquer votre bilboquet.

IL VOUS FAUT :
- UN GOBELET DE LA MACHINE À CAFÉ VIDE
- UN LACET DE CHAUSSURE
- UNE RÈGLE
- UNE PAIRE DE CISEAUX
- UNE GOMME

1. Avec la pointe de la paire de ciseaux, percez un trou dans le fond du gobelet.
2. Mesurez votre lacet et coupez-le à 50 cm.
3. Enfilez le lacet dans le gobelet. Attrapez l'extrémité dans le fond et faites un nœud avec pour qu'il ne ressorte pas.
4. Percez un trou dans votre gomme.
5. Enfilez l'autre extrémité du lacet dans la gomme et nouez fermement. Il ne faudrait pas que la gomme se détache. Votre bilboquet est prêt !

La règle est très simple : il suffit de lancer la gomme dans le gobelet, sans la recevoir dans l'œil.
Partagez votre bilboquet avec vos collègues : chaque joueur a une minute pour réussir le lancer un maximum de fois. Si vous n'êtes pas bricoleur, un téléphone fera l'affaire. Amusez-vous bien !

La cravate

Selon l'entreprise dans laquelle vous travaillez, et selon votre fonction, les exigences vestimentaires ne sont pas toujours les mêmes. Dans certains cas, le port de la cravate peut vous être imposé...
Que vous l'ayez oubliée ou qu'elle soit tachée ou froissée (à force de jouer au bilboquet), nous avons la solution : la cravate de secours.

IL VOUS FAUT :
- DES FEUTRES
- UNE PAIRE DE CISEAUX
- DES ÉLASTIQUES
- UNE AGRAFEUSE

1. Photocopiez le dessin d'une cravate et coloriez-le pour l'assortir à votre tenue du jour.
2. Découpez la cravate.
3. Coupez les élastiques en deux et nouez-les bout à bout pour obtenir un fil élastique de la longueur de votre tour de cou.
4. Agrafez les extrémités de votre fil élastique de chaque côté de la cravate.

Enfilez votre cravate autour du cou et cachez l'élastique sous votre col de chemise. Vous voilà impeccable, en toutes circonstances !

Si vous n'avez pas besoin de cravate, offrez-la à un collègue un peu distrait, ça pourra toujours lui servir. Entre collègues, l'entraide c'est primordial. D'ailleurs, heureusement qu'il y a les collègues comme M'oiselle Jeanne pour vous soutenir quoi qu'il arrive.

Couture

Cravate ou pas, vous avez bien l'intention de vous rendre au pot de départ de Prunelle, et vos collègues vous signalent que vous êtes attifé comme une patate.

Vous êtes complètement débraillé : votre chemise sort de votre pantalon ! Pour que votre chemise ne vous joue plus de vilains tours, vous avez la solution toute simple qui consiste à la transformer en body.

Malheureusement, vous n'avez pas de trousse de couture sous la main et pour cause, vous ne savez pas coudre. Par contre, puisque vous êtes au bureau, vous avez une agrafeuse… Agrafez ensemble le pan avant et le pan arrière entre vos jambes. Tadam ! Le tour est joué. Lâchez l'agrafeuse, à présent, sous peine de lasser vos collègues, et allez au pot de départ la tête haute. Si vous avez pensé à apporter un gâteau mais pas de couteau, suivez le guide…

Sur le fil !

Vous n'avez peut-être pas inventé le fil à couper le beurre, mais le fil à couper le gâteau va en surprendre plus d'un !
Demandez à Mélanie Molaire de vous prêter son fil dentaire et, en quelques mouvements, les parts sont faites. Contrairement aux apparences, cette technique reste très hygiénique à partir du moment où vous avez pensé à tirer sur le fil pour récupérer un bout n'ayant jamais servi à quoi que ce soit d'autre.

Petite précision : il est vrai que cette technique fonctionnera mieux sur un gâteau plutôt moelleux.

Allez, maintenant levez vos verres… Comment ça vous n'en avez pas ?

Gobelet de survie

La citerne à eau n'a plus de gobelets et la machine à café est épuisée, il ne reste qu'une seule solution : le gobelet de survie !

1. Pliez une feuille carrée en deux.
2. Rabattez la pointe du haut sur le pli en bas. Marquez le pli et relevez la pointe.
3. Pliez la pointe de gauche sur l'autre extrémité du pli marqué à l'étape 2.
4. Retournez votre pliage.
5. Rabattez la pointe de gauche sur la pointe en haut à droite.
6. Prenez la pointe en haut et glissez-la à l'intérieur de la pochette.
7. Recommencez de l'autre côté avec l'autre pointe dans la pochette arrière.

Votre gobelet de survie est prêt ! Maintenant il en faut un pour chaque collègue…

Il se peut que votre joyeuse réunion attire des convives inattendus. Mais bon, c'est Prunelle qui offre ! Demain, pour vous remettre de ce pot mémorable, vous vous offrirez un bon bol d'air et renouerez avec les joies du cerf-volant.

Dans le vent !

IL VOUS FAUT :
-DU PAPIER KRAFT (DEMANDEZ AU SERVICE COURRIER, ILS EN ONT CERTAINEMENT POUR EMBALLER LES COLIS)
-DE LA FICELLE (COMME POUR LE KRAFT, IL Y EN A CERTAINEMENT AU SERVICE COURRIER)
-UNE PAIRE DE CISEAUX
-DES PIQUES À BROCHETTE (RÉCUPÉRÉS À LA CANTINE) OU DEUX CRAYONS DE PAPIER
-DE LA COLLE

1. Découpez un losange dans le papier kraft.
2. Placez les piques à brochettes ou les crayons en croix. Selon la taille de votre cerf-volant, vous aurez besoin de plus ou moins de crayons. Nouez-les au croisement et gardez une grande longueur de ficelle. C'est avec ce fil que vous tiendrez votre cerf-volant.
3. Collez les crayons sur le losange en kraft.
4. Consolidez tout le contour en le rabattant sur 1 cm. Collez avec le ruban adhésif.
5. Ajoutez une queue avec des petits nœuds papillons découpés dans le papier, ce sera plus joli.

Il ne vous reste plus qu'à allumer votre ventilateur ! Votre bureau est devenu une véritable aire de loisir. Vous avez attrapé le virus du bricolage ? Ça tombe bien, les toilettes laissent encore à désirer. Il est temps de vous en charger.

L'annexe

Les toilettes sont l'endroit idéal pour s'isoler et donc passer des coups de fils personnels. Comment allez-vous faire pour éloigner tous ces parasites qui vous empêchent d'être tranquille dans votre annexe ?

Nos conseils :

1. Retirez tous les rouleaux de papier et cachez-les dans votre tiroir. Vous serez seul à pouvoir aller dans ces toilettes.

2. Collez la photo du patron sur le couvercle des toilettes. En le soulevant, tout le monde va fuir et vous aurez les WC pour vous tout seul.

3. À la manière de Duchamp, signez d'un pseudo les cuvettes des toilettes. Plus personne n'osera faire pipi... ça ne se fait pas sur une œuvre d'art.

4. Vos collègues continuent à venir, passez aux choses sérieuses : retirez l'ampoule du plafond et gardez-la précieusement dans le tiroir de votre bureau. Personne ne voudra s'aventurer en ces lieux dans le noir, les importuns seront obligés d'aller à un autre étage.

5. Si trop de monde continue malgré tout à entrer ici, imprimez un panneau de signalisation routière et collez-le sur la porte.

6. Et si rien n'y fait, démontez la poignée de porte et gardez-la sous clef dans votre bureau.

Cette fois, c'est certain, ces toilettes sont devenues votre annexe perso ! Ouf, enfin tranquille !

Un hamac aux toilettes

Pour faire de ces lieux un havre de paix, il ne manque qu'un petit quelque chose... Un hamac ! Ouvrez les yeux, il est juste là, devant vous.

Mais comment n'y avez-vous pas pensé avant : le dérouleur de serviettes ! Tirez, tirez et tirez encore pour en extraire la longueur utile afin que vous puissiez vous y étendre de tout votre long. Ce n'était pas compliqué, m'enfin !

Petite précision : il est vrai que ce hamac n'est pas adapté à toutes les morphologies. Et encore moins si le dérouleur de serviette est un sèche mains.

Ça goutte !

Les inondations sont assez rares au bureau, toutefois, il est tout à fait possible que vous soyez confronté à une fuite d'eau.
Pas de panique, vous êtes là. Prenez un chewing-gum, mâchouillez-le et sortez-le de votre bouche. Tadam ! Voilà une rustine de secours.
Si vous n'êtes pas un mâchouilleur, vous avez toujours la possibilité d'utiliser de la pâte adhésive. Ça, c'est malin ! Bon, ce n'est pas tout ça mais ces travaux vous ont bien occupé, il est grand temps de faire une pause.

EXPÉRIENCES DE BUREAU

Nouvel écran

Qui n'a pas l'écran de son téléphone complètement rayé ? Si vous répondez que le vôtre est fissuré, là on ne peut rien pour vous, mais pour ce qui est des rayures on a peut-être une solution…
Voici une méthode à la portée de toutes les bourses. Pas besoin de vous ruiner dans un produit hors de prix, en réalité vous avez la mixture magique à portée de main : un tube de… dentifrice !
Il semblerait que vous n'ayez qu'une chose à faire : en appliquer sur l'écran puis essuyer avec une peau de chamois (NDLR : le chat, ça ne marche pas aussi bien).
Apparemment ce sont les mini-billes abrasives intégrées à la pâte à dents qui permettraient d'éliminer les rayures de votre écran. Vous pouvez même essayer sur les CD.
Prunelle ne va quand même pas vous reprocher d'être soigneux avec votre matériel ! Des outils de travail efficace, c'est essentiel au bien-être du salarié. Si vous en doutez, menez à bien l'expérience suivante…

Bug

Cette expérience repose sur une étude comportementale du *collegus primitivus* en situation de stress ou d'incompréhension face à un bug informatique, ou bogue en français. Deux solutions : soit votre collègue a tout de suite trouvé la supercherie, soit il appelle au secours… Et c'est là que l'expérience devient intéressante !

Chacune de ces manœuvres ne demande aucune connaissance informatique particulière et est donc accessible à tous. Le plus important est surtout d'être là au moment où votre collègue va se retrouver face au problème. Le but est de pouvoir noter vos observations sur le stress occasionné par la perte de contrôle d'un outil informatique. L'idéal est de pouvoir prendre une photo de la personne pour illustrer vos propos.
Chacune de ces manœuvres nécessite bien évidemment l'accès au poste de travail de votre collègue. La pause déjeuner reste le moment le plus propice à la mise en place de cette expérience socioprofessionnelle.

Selon le temps dont vous disposez :
1. Inversez les réglages de sa souris, de droitier à gaucher ou inversement. Les clics s'inversent également. Pour ce faire, rien de plus simple ! Allez dans le panneau de configuration de l'ordinateur. Vous trouverez ensuite les propriétés de votre souris dans l'onglet périphériques. Vous n'avez plus qu'à inverser le bouton principal et secondaire.
2. Modifiez la vitesse de sa souris. Il y a de grandes chances pour qu'il secoue la pauvre souris en espérant lui rendre la raison. Vous retrouverez ce paramétrage au même endroit que précédemment.
3. Si votre collègue dispose d'un vieux clavier, démontez les touches pour les emboîter à la place d'une autre touche.
4. Si son clavier est plus récent, configurez-le pour passer d'azerty à qwerty. Le clavier ne voudra plus écrire les lettres que votre collègue demande.
5. Collez un bout de ruban adhésif sur le capteur qui se trouve sous la souris. La souris ne répondra plus à ses mouvements.
6. Un petit dernier qui ne mange pas de pain et qui peut avoir un fort potentiel comique, surtout si le mail qui suit est une proposition de contrat à M. De Mesmaeker : remplacez la signature e-mail du collègue par « Gros poutous ».

Cette expérience humaine peut être très surprenante et enrichissante. Vous risquez d'en apprendre beaucoup sur certains de vos collègues. Gardez les résultats de vos expériences bien précieusement, elles vous resserviront certainement dans d'autres occasions. Et si certains se sont franchement énervés, c'est qu'ils ont besoin de votre aide pour apprendre à gérer leur stress. Ça tombe bien, vous avez plus d'un tour dans votre sac pour détendre votre entourage...

C'est magique

Soyez assuré que ce petit tour déridera Prunelle en personne.

IL VOUS FAUT :
-UN VERRE
-UN SALADIER
-UNE PETITE FEUILLE DE PAPIER

1. Déposez sur son bureau le saladier plein d'eau. Prenez un petit air mystérieux, proche du magicien.
2. Montrez-lui l'intérieur du verre : il est vide.
3. Froissez la feuille de papier en boule et enfoncez-la au fond du verre.
4. Retournez le verre avec l'ouverture vers le bas. Enfoncez le verre dans l'eau. Maintenant, annoncez fièrement que vous allez ressortir le verre et que la feuille ne sera pas mouillée.

Tadam ! En ressortant, la feuille de papier est sèche ! Ça mérite bien un petit sourire.
Si vous êtes maladroit, évitez cette expérience, il ne faudrait pas que vous renversiez le saladier sur son bureau et que vous obteniez la réaction inverse : « Mais quel boulet ! »

Malgré tout, il est vrai que dans certains cas, un peu de maladresse peut susciter la sympathie. Si tel n'est pas le cas, il faut faire fuir le fâcheux. L'expérience qui suit est radicale...

Haut le cœur !

Il ne s'agit pas là d'une expérience scientifique à proprement parler mais plus exactement d'une expérience consistant en une étude comportementale. Le postulat de départ étant que la mauvaise haleine peut avoir un retentissement sur la vie sociale de celui qui l'émet.
En effet, lorsque Prunelle, ou n'importe quel autre responsable, va débarquer dans votre bureau pour vous parler de vive voix puisque vous ne décrochez plus le téléphone, votre seul objectif sera de le faire fuir.

Remède miracle : l'haleine de chacal !
Évitez d'avoir une haleine qui empeste l'alcool, ça ne jouera pas forcément en votre faveur. Le mieux est la mauvaise haleine involontaire. Mangez de l'ail, de l'oignon, du fromage, du chou, du fenouil, des anchois... Pouah ! Allez-y doucement quand même, il ne faudrait pas que vous ayez un malaise, asphyxié par votre propre odeur.
Dès que votre supérieur arrive, levez-vous et placez-vous bien en face de son visage. Respirez fortement. Normalement l'effet sera immédiat. Il va reculer ! Et si cela ne suffit pas, répondez en projetant de magnifiques postillons. Cette fois, vous avez gagné !

Bizarrement, votre patron viendra de moins en moins vous voir. Vous pourrez alors mettre à profit son absence pour réaliser une expérience haute en couleur.

Arc-en-ciel

Un arc-en-ciel est un arc de couleurs spectrales : rouge, orange, jaune, vert, bleu, indigo et violet. Il se forme par la réfraction et la dispersion des rayons du soleil. Voici deux expériences pour faire votre propre arc-en-ciel.

Expérience n° 1 - jour de beau temps.

1. Remplissez un verre d'eau.
2. Placez le verre sur une table devant votre fenêtre ensoleillée.
3. Placez une feuille de papier blanc sur le sol.
4. Mouillez la vitre avec de l'eau chaude.
5. Trouvez le bon positionnement du verre et du papier pour que l'arc-en-ciel fasse son apparition sur la feuille.

Expérience n° 2 - jour de mauvais temps.

1. Prenez un CD propre.
2. Placez-le sous votre lampe de bureau, face imprimée vers le bas.
3. Observez le CD, vous découvrez un arc-en-ciel.
4. Faites pivoter légèrement le CD et les couleurs bougent.

Oh ! Que c'est beau ! Après un temps de contemplation déraisonnable, allez aux toilettes pour vider le verre d'eau et profitez-en pour réaliser l'expérience suivante.

Je bulle !

Buller n'est pas donné à tout le monde. Encore faut-il savoir maîtriser les lois de la chimie. Pour buller comme un pro, enfilez une blouse et investissez les sanitaires. Si vous n'avez pas de blouse, enfilez votre chemise sur l'envers.

IL VOUS FAUT :
- UN LAVABO VIDE ET PROPRE
- UN FLACON DE BULLES DE SAVON POUR ENFANTS OU DU LIQUIDE VAISSELLE
- DU BICARBONATE DE SOUDE
- DU VINAIGRE

1. Versez un verre de bicarbonate dans le lavabo.
2. Versez deux verres de vinaigre.
3. Remuez : ça mousse !
4. Reculez d'un pas, ouvrez votre tube à bulles et soufflez dans le petit anneau pour obtenir quelques bulles.
5. Les bulles flottent et certaines viennent juste au-dessus du lavabo… Incroyable ! Vous êtes un génie : elles flottent. Elles restent en lévitation et n'éclatent pas. Ce n'est qu'au bout de quelques instants qu'elles seront attirées par le contenu du lavabo et disparaîtront.

Mens sana in corpore sano

« Un esprit sain dans un corps sain. » C'est un fait, il faut que vous entreteniez en parallèle votre esprit puis votre corps. Commençons par l'esprit.

1. Renversez du café (froid de préférence) sur une feuille blanche.
2. Pliez la feuille en deux puis rouvrez-la.
3. Observez la forme obtenue et tentez de lister ce que vous pensez y voir. Il n'y a pas de bonne réponse, il s'agit ici d'une interprétation complètement libre.
4. Rassemblez vos propositions et évaluez votre personnalité qui en découle.

Si le résultat que vous avez obtenu ne vous inspire pas, versez à nouveau du café sur la feuille. Récupérez le tube d'un stylo à bille dont vous aurez retiré la réserve d'encre et soufflez. À défaut d'y voir quelque chose, vous obtiendrez un dessin original à accrocher sur votre mur.
L'expérience reste intéressante, voire révélatrice. Voilà pour l'esprit. Maintenant, il faut vous préoccuper de votre corps. De votre estomac, plus précisément.

LA CUISINE DE GASTON

La kitchenette

Le premier bonheur de l'homme, qu'on le veuille ou non, c'est la nourriture. C'est pourquoi il est impératif que vous réussissiez à vous réserver un petit coin cuisine, d'autant plus quand on sait ce qu'on mange à la cantine.
Le meilleur moyen pour que votre projet ne tombe pas à l'eau, c'est de vous mettre dans la poche les gourmands de l'étage et, si possible, les responsables. Il est tout à fait envisageable par exemple que M. De Mesmaeker, une fois n'est pas coutume, apprécie fortement votre dernière initiative.
Séduisez vos collègues avec un menu alléchant que vous prendrez soin d'afficher sur votre porte. Pour être plus discret, vous pouvez toujours le faire circuler sous le manteau.

Si vous n'avez pas d'idées voici la suggestion du jour de Gaston :

HUÎTRES FLOTTANTES SUR UNE ÉCUME DE CHOCOLATS TROIS TONS
MORUE AUX FRAISES SUR SON LIT DE FRITES BELGES
CHÈVRE MERINGUÉ CROQUANT-FONDANT ACCOMPAGNÉ DE SON SIROP DE ROQUETTE
CRÊPE MONTGOLFIÈRE ET SA CHANTILLY DE CÂPRES EXPLOSIVES

Inspirez-vous des émissions culinaires et soyez créatif !

Allier travail et gastronomie

Zut, à force de travailler vos menus, vous avez complètement oublié que le boss vous avait demandé de préparer une présentation sous PPT. Vous allez encore dessiner des camemberts et vous détestez ça. À moins que… Comment rendre les pourcentages plus ludiques ?
C'est très simple. Vous récupérez un camembert à la cantine. Vous coupez des parts de tailles différentes et, au fur et à mesure de la réunion, vous mangez les parts du camembert pour illustrer vos propos.
Grâce à vous cette réunion est beaucoup plus vivante, tout le monde a suivi, personne n'a décroché : encore une fois, Prunelle ne peut que féliciter votre esprit d'initiative. C'est le moment de se détendre autour de la machine à café.

Pause café

L'un des moments phares d'une journée entre collègues est indubitablement la pause café. Contrairement à la pause déjeuner, elle a le gros avantage de pouvoir être répétée plusieurs fois dans une même journée. Il ne faudrait donc pas gâcher ce plaisir par un manque de sucre en poudre…

Voici quelques suggestions malignes pour dépanner les amateurs de sucre en poudre :

Astuce n° 1 :

1. Placez les morceaux dans un sac.
2. Placez le sac sous la moquette.
3. Roulez avec votre chaise à roulettes sur la bosse.
4. Ressortez le sac : vous avez du sucre en poudre.

Astuce n° 2 :

1. Placez les morceaux dans un sac.
2. Montez sur le toit de l'immeuble.
3. Lâchez le sac.
4. Descendez au rez-de-chaussée.
5. Récupérez le sac : vous avez du sucre en poudre.

Astuce n° 3 :

1. Placez les morceaux dans un sac.
2. Appelez l'ascenseur.
3. Placez le sac dans l'ouverture des portes.
4. Laissez les portes se refermer sur le sac.
5. Appuyez sur le bouton pour ouvrir à nouveau les portes et répétez l'opération.
6. Récupérez le sac : vous avez du sucre en poudre.

En plus de sa saveur, le sucre a incontestablement l'avantage d'apporter de l'énergie. Si le chef abuse de la vôtre, appliquez les quelques conseils suivants.

Chaud devant !

Alors comme ça le chef se croit tout permis et va même jusqu'à vous demander de lui apporter le café ? Pas de souci, vous allez le lui apporter… La prochaine fois qu'il vous demande d'aller à la machine pour lui rapporter un petit café, trompez-vous de bouton !

-Il veut un café court… apportez un allongé.
-Il veut un café sans sucre… doublez la dose.
-Il veut du thé… choisissez un chocolat.
-Il veut un chocolat… appuyez sur la touche potage.

Vous verrez, il finira par s'épuiser et ne vous sollicitera plus.

Décidément la relation avec le chef n'est pas toujours très simple. Un pot de départ sera le bienvenu pour détendre vos relations. Ça tombe bien, vous avez des talents culinaires ! Et votre ingéniosité compense votre maladresse...

Tarte au pochoir

Ce n'est pas dans vos habitudes d'être maladroit mais si, par malheur, votre tarte-aux-oignons-maison n'a pas supporté le voyage, voici une petite astuce pour que vos collègues n'y voient que du feu.

IL VOUS FAUT :
- UNE FEUILLE DE PAPIER FORMAT A4
- UNE PAIRE DE CISEAUX
- DU SUCRE GLACE

1. Pliez la feuille en deux.
2. Dessinez la moitié d'une tête de chat.
3. Découpez la tête en suivant les contours.
4. Dépliez le pochoir et placez-le sur la tarte. Saupoudrez généreusement de sucre glace...
5. Retirez délicatement le pochoir. Votre tarte salée-sucrée est magnifique ! Il ne reste plus qu'à la partager avec vos collègues admiratifs.

Conseil :
Au moment de retirer le pochoir, faites bien attention à ne pas renverser le sucre glace qui est dessus. Cela effacerait tous les contours de la jolie tête de chat, ça serait dommage !

Vous allez vous régaler. Et pourquoi ne pas proposer quelques graines germées pour le dessert ?

Graines du potager de bureau

Les graines germées sont riches en vitamines et enzymes, notamment lors du processus de germination. Par exemple, dans un germe de blé, on trouve certaines molécules telles que la vitamine C que l'on ne trouve pas dans le grain de blé arrivé à maturité.

IL VOUS FAUT :
- UN BAC À GLAÇONS
- UN PEU DE TERRE
- DES GRAINES (TOURNESOL, SOJA, MÂCHE...)
- DE L'EAU
- DE LA LUMIÈRE

1. Faites tremper les graines pendant une nuit.
2. Remplissez de terre les creux de votre bac à glaçons.
3. Placez les graines et arrosez-les.
4. Placez à la lumière et, d'ici quelques jours, les germes pointeront le bout de leur nez.

Il existe la même méthode sans terre, mais dans ce cas il faut percer le bac à glaçons et ça serait dommageable pour le prochain pot entre collègues. Adieu tristesse, bonjour verdure !

Chapitre 4

Socialiser au bureau

Les autres. Qui sont-ils ? Il s'agit de ceux que l'on désigne plus communément sous l'intitulé *les collègues*. Ce sont ces personnes qui soit remplissent la même fonction que vous, soit travaillent tout simplement dans la même entreprise que vous et avec qui, par conséquent, vous êtes obligé de passer tout votre temps alors que vous ne les avez même pas choisis. M'enfin ! En plus de devoir supporter toute une équipe de chefaillons digne d'une armée mexicaine, vous allez devoir apprendre à cohabiter avec toute une ribambelle d'individus plus ou moins sournois.

Même s'il est vrai, qu'à la provençale, le terme de collègue peut signifier un camarade, un copain, voire un ami, avouons franchement que ce n'est pas gagné à tous les coups ! Heureusement, vous apprendrez ici à voir les choses du bon côté et à vous adapter au caractère des uns et des autres. Vous finirez bien par trouver quelqu'un avec qui vous entendre. N'oubliez pas que M'oiselle Jeanne est toujours là pour vous et que Jules-de-chez-Smith-en-face n'est pas très loin.

TEAM BUILDING

Office prank

Pour créer une bonne ambiance, soyez le premier ou la première à être sympa. Rassemblez vos collègues et, tous ensemble, préparez une jolie surprise à votre collègue qui va bientôt rentrer de vacances... L'*office prank*, ou plus simplement la blague de bureau, est devenue une véritable tradition. Parmi les tendances, il y a celle qui consiste à redécorer tout l'espace de travail d'un collègue parti en vacances, et là, les idées ne manquent pas...

Faites votre propre *office prank* ! Emballez ou recouvrez tout le bureau avec...

Version classique :
-Du papier journal
-Du papier aluminium
-Du papier cadeau

Version fétichiste :
-Des photos de Phil Collins
-Des cheveux récupérés chez le coiffeur
-Des fleurs

Version trop mimi :
-Des selfies de tous les collègues
-Des photos de chatons
-Des photos de bébés qui se bidonnent

Version collante :
-Du film étirable
-Des Post-it
-Des bisous au rouge à lèvres

Version cra-cra :
-Des feuilles mortes
-Des mouchoirs froissés (usagés ou non, ça c'est à vous de voir !)
-Du papier toilette

N'hésitez pas à faire appel à la créativité de vos collègues qui, comme vous, ne sont pas partis en congés.

Peut-être que vous y allez un peu fort pour un début. Allez, on recommence, mais cette fois avec un jeu plus soft...

Cache-cache

Invitez vos collègues et organisez une partie de cache-cache géant ! Ça marche à tous les âges et tout le monde connaît la règle. Crise de rire garantie ! Enfermez-vous aux WC... tous dans les mêmes toilettes !
Crise d'angoisse assurée ! Le plus drôle c'est quand tout l'étage est au courant... sauf une personne !
À la fin de la journée, pensez à vérifier que chaque participant est bien ressorti de sa cachette. Il ne faudrait pas que quelqu'un passe la nuit au bureau. M'enfin !

Vous vous êtes bien amusés ? Alors après la partie de cache-cache formez des équipes et poursuivez dans cette dynamique ludique.

Chamboule-tout

On ne croirait pas comme ça, mais il y a vraiment de quoi s'amuser aux toilettes. Vous n'avez pas trouvé ? Mais si, voyons : il y a les rouleaux de papier toilette !

IL VOUS FAUT :
- SIX ROULEAUX DE PAPIER TOILETTE MINIMUM
- UNE PAIRE DE CHAUSSETTES

1. Positionnez les rouleaux en pyramide sur le plan de travail à côté du lavabo.
2. Prenez vos chaussettes et roulez-les en boule sur elles-mêmes.
3. Reculez de quelques mètres et, vous connaissez le principe, PAM ! Il ne doit plus en rester un debout.

L'idéal est bien évidemment d'avoir un maximum de rouleaux. Plus la pyramide sera imposante et plus ce sera amusant. Par contre, pensez à préserver un rouleau ou deux au cas où quelqu'un en aurait un réel besoin.

Astuce en plus : L'avantage de ce jeu, c'est qu'il peut se pratiquer un peu partout. Il fonctionne également au bureau avec les pots à crayons, pendant la pause café avec les gobelets de la machine, à la cantine avec les verres... ou encore avec les boîtes de conserve récupérées auprès du cuisinier ! Vos collègues semblent apprécier les jeux d'adresse ? Ne vous arrêtez pas en si bon chemin !

Jeu d'adresse

Attention, ce jeu demande une certaine rigueur et un bon entraînement. Mise à part la chance du débutant, vous avez assez peu de chances d'y arriver dès le premier coup.

IL VOUS FAUT :
- UNE POUBELLE AVEC COUVERCLE À PÉDALE
- UN OBJET AU CHOIX, NON CONTONDANT (UNE GOMME, UNE PAIRE DE CHAUSSETTES, ETC.)
- DES CORBEILLES À PAPIER SANS COUVERCLE
- UN MARQUEUR

Préparation :

1. Placez la poubelle à couvercle au milieu de la place.
2. Posez l'objet non contondant sur le couvercle.
3. Placez les corbeilles en ligne derrière la poubelle à couvercle.
4. Donnez une valeur à chaque corbeille : 1 point, 2 points, 3 points…

Règle du jeu :

Le premier joueur place la gomme sur le couvercle à l'emplacement qui lui semble le plus judicieux pour atteindre son objectif.
Il prend sa respiration et appuie sur la pédale de la poubelle à couvercle. Avec l'expérience, chaque joueur saura comment doser la puissance pour envoyer le projectile là où il le souhaite.

Notez vos scores :

- Soit l'objet est tombé par terre et dans ce cas le joueur recommence. Il a droit à trois tentatives mais il arrête son tour s'il a marqué au moins un point.
- Soit l'objet est tombé dans une corbeille et vous notez ce score. La gomme passe au joueur suivant.
- Soit l'objet est retombé dans la poubelle à couvercle et là, c'est le champion : il marque 5 points en un seul coup !

Au bout d'une heure, faites vos comptes pour déterminer le vainqueur. Et reposez-vous copieusement avant de passer au jeu suivant.

C'est gonflé !

Lors des séminaires, les animateurs ont souvent recours aux activités physiques, il paraîtrait que cela permet d'apprendre à avoir confiance en l'autre… Pas de souci ! Proposez une course de ballons sauteurs dans les couloirs.

IL VOUS FAUT :
-TROIS GRANDS SACS POUBELLE NOIRS
-UN GROS ÉLASTIQUE
-DU RUBAN ADHÉSIF LARGE

1. Prenez trois sacs poubelle noirs que vous enfilez les uns sur les autres. Vous obtenez ainsi trois épaisseurs.
2. Allez aux toilettes et remplissez d'eau les deux tiers du sac qui est à l'intérieur des deux autres.
3. Nouez les trois sacs ensemble. Pour bien sécuriser le tout et empêcher l'eau de ressortir, enroulez un gros élastique plusieurs fois sous le nœud. Le nœud des trois sacs vous servira de poignée.
Votre ballon sauteur est prêt ! Répétez l'opération pour faire autant de ballons sauteurs qu'il y a de participants.

En cas de petite fuite, pas de panique : vous avez du ruban adhésif sous la main pour reboucher le trou.
Si vous ne réussissez pas à confectionner ce ballon sauteur qui demande malgré tout une certaine expérience, achetez-en à la petite boutique du coin. Vous avez également la solution de remplacer le ballon sauteur par une chaise.

Règle du jeu :
Tracez une ligne de départ et une ligne d'arrivée avec du ruban adhésif collé au sol.
Chaque joueur s'assoit sur son ballon sauteur, ou sa chaise sauteuse, et se place derrière la ligne de départ.
Au top départ, c'est la course folle pour rebondir jusqu'à la ligne d'arrivée ! Mais attention, ce n'est pas fini, il faut faire demi-tour et revenir à la ligne de départ.
Le premier joueur revenu au point de départ en rebondissant sur son ballon ou sa chaise a gagné !

Comme sur des roulettes

Yvan Delporte, le rédacteur en chef, n'a pas compris l'objectif de cette opération. Vous êtes convoqué dans son bureau. M'enfin ! Tant pis, ne vous arrêtez pas en si bon chemin : organisez une course de chaises à roulettes.

Préparation :
Demandez à vos collègues de se mettre deux par deux. Eh oui, ce jeu se pratique en duo !
Trouvez autant de chaises à roulettes que de duos, c'est-à-dire une chaise pour deux.
À l'aide d'un gros rouleau de ruban adhésif, tracez sur le sol un circuit. Le chemin peut faire le tour d'un bureau, entrer dans l'ascenseur et continuer au rez-de-chaussée… Collez également une bande pour le départ et une autre bande sur le sol pour marquer la ligne d'arrivée.
Pour chaque duo il y a un poussé et un pousseur. Le premier est assis et l'autre est derrière le dossier.

But du jeu :
Vous l'avez compris, le premier duo à franchir la ligne d'arrivée a gagné !

Ça fait vraiment du bien de se défouler un peu. C'est vrai, on s'encroûte toute la journée au bureau alors qu'un peu d'exercice fait le plus grand bien. Allez, on continue…

Panier !

Même s'il n'y paraît pas au premier abord, vous avez, en ces lieux, de quoi organiser tout type de matchs. Tenez, par exemple, il vous sera très facile de jouer une partie de basket-ball.

IL VOUS FAUT :
- UN PANIER : VIDEZ LA CORBEILLE À PAPIER ET ACCROCHEZ-LA AU MUR À LA PLACE DE L'HORLOGE.
- UN BALLON : DÉVISSEZ LE GLOBE TERRESTRE DE SON SUPPORT (À MOINS QUE VOUS N'AYEZ PRÉVU UN BALLON GONFLABLE).
- DEUX ÉQUIPES DE CINQ JOUEURS : RASSEMBLEZ LES COLLÈGUES VOLONTAIRES.
- UN TERRAIN RECTANGULAIRE : POUSSEZ LES BUREAUX ET FAITES DE LA PLACE DANS L'OPEN SPACE.

Rapide rappel des règles de base :
L'objectif de chaque équipe est de lancer le globe dans la corbeille. Chaque panier rapporte deux points à son équipe, à l'exception des tirs effectués derrière la ligne des trois points et des lancers francs accordés à la suite d'une faute, qui ne rapportent qu'un seul point.

But du jeu :
L'équipe avec le nombre de points le plus important remporte la partie.

Si Prunelle vous semble tendu, proposez-lui de faire l'arbitre. Pour une fois ça peut lui faire du bien de se détendre un peu !

Et que ça saute !

La bonne santé d'une entreprise passe également par le fait de savoir rebondir en toute circonstance. Alors rassemblez vos forces et entraînez-vous : organisez une séance de saut sur un trampoline !

Apportez un trampoline au bureau. Si vous n'en avez pas, récupérez la nappe cirée que M'oiselle Jeanne a mise sur la table de la salle commune pour déjeuner. À l'aide d'une bonne agrafeuse, accrochez solidement la toile entre les bureaux. Il suffit de bien la tendre.
Si vous n'avez pas pu récupérer de toile cirée, décrochez le rideau de la salle de réunion et, de la même manière, agrafez-le sur les bureaux pour le tendre.
S'il n'y a pas de rideaux dans la salle de réunion, alors simulez : imaginez que la moquette est rebondissante !
Le gagnant est celui qui saute le plus haut. Et celui qui touche le plafond a droit à une ola générale.

À force de sauter comme ça, vous avez chaud et vous transpirez. Sachant qu'il n'y a pas forcément de vestiaires dans toutes les entreprises, il va falloir trouver une solution à la Gaston...

Splash !

Et si vous en profitiez pour organiser une bataille d'eau ? Plusieurs possibilités s'offrent à vous.

La plus simple...

Prenez un gobelet à la machine à café. Allez aux toilettes, remplissez-le d'eau. Au premier collègue qui passe dans le couloir, dites : « attrape ! ». Enfermez-vous ensuite dans les toilettes et patientez. Prévoyez un parapluie au cas où la vengeance viendrait du ciel.

La plus classique...

La bombe à eau reste un incontournable. Un ballon de baudruche rempli d'eau et voilà de quoi rafraîchir tout un étage ! Pourquoi ne pas organiser une partie ?
Tous les joueurs forment une ronde. Le premier joueur lance le ballon au collègue de son choix. Si le collègue claque des mains pour le saisir, évidemment il prendra une bonne douche, mais s'il est souple et délicat, il pourra le rattraper sans que le ballon éclate. Ce sera alors à son tour de lancer le ballon au collègue de son choix.
Pour compliquer la partie, à chaque fois qu'un joueur a lancé le ballon, il recule d'un pas. Plus vous avancerez dans la partie et plus elle deviendra délicate...

La plus sophistiquée...

Il y a certainement des pistolets à eau dans la petite boutique au coin de la rue. Achetez-en tout un lot et distribuez-les à vos collègues.
Une seule règle : on ne se cache pas derrière son ordinateur, ce ne sont pas des écrans protecteurs.
Pour le reste, aspergez qui vous voulez ! Mais séchez-vous avant d'aborder l'activité suivante.

Ça roule !

Vous vous souvenez de la fameuse phrase « Qui va à la chasse, perd sa place » ?! Eh bien c'est un peu de cela qu'il s'agit mais dans des versions revisitées, applicables à un ou plusieurs collègues à la fois.

Version 1 : « Qui quitte son siège, tombe dans le piège ! »

Pendant qu'un collègue s'est absenté de son bureau, retirez une roulette de son siège.
L'action peut paraître simple, mais ce n'est pas toujours le cas. Tout dépend si les roulettes sont fixées à un système d'attache qui se dévisse ou si elles ont été enfoncées dans le pied en force, c'est-à-dire sans vis. Dans ce dernier cas, vous devrez, à votre tour, retirer la roulette en forçant comme une brute.
Si vous réussissez, en revenant s'asseoir, votre collègue va inévitablement basculer sur un côté...

Version 2 : « Qui cherche des punaises, perd sa chaise !

Pendant qu'un collègue part chercher des fournitures, baissez la hauteur de sa chaise de bureau.
Cette opération est très facile et très rapide à mettre en place.
Quand la personne reviendra, elle s'écroulera sur sa chaise au moment de s'asseoir.

Version 3 : « Qui va à l'accueil, ne retrouve pas son fauteuil ! »

Pendant que vos collègues sont partis à l'accueil, chercher du courrier ou boire un café, inversez tous les fauteuils. Prenez soin de ne pas toucher aux vestes sur les dossiers, c'est ce qui permettra à chacun de retrouver celle qui lui appartient.
Cette gentille farce peut permettre à certains collègues, qui n'ont pas l'habitude de se parler, de faire ainsi connaissance.

Vous avez également les blagounettes informatiques qui s'offrent à vous. Ça ne dure jamais très longtemps à cause des gars du service informatique qui ne sont pas bien loin, mais c'est toujours aussi drôle de voir la réaction des autres face à un problème. Si vous n'obtenez pas la réaction escomptée, initiez vos collègues à la zen attitude.

Zen

L'approche du zen consiste à vivre dans le présent, sans espoir ni crainte. Profitez de la prochaine conversation téléphonique pour passer à l'action.

1. Attendez qu'un collègue soit en pleine conversation téléphonique avec une personne importante : M. De Mesmaeker, Prunelle ou tout autre responsable. Approchez-vous, sans vous cacher.
2. Votre collègue vous voit : il s'inquiète. L'apprentissage du contrôle de son stress commence.
3. Prenez un air rassurant, souriez et mettez-vous à genoux sur la moquette : il continue de parler en vous regardant avec des yeux écarquillés. Il est assailli par les pires craintes.
4. Attrapez-lui les pieds : il remue dans tous le sens pour que vous ne puissiez pas le saisir tout en essayant de rester concentré sur sa conversation. Si besoin, faites signe à un collègue sympa et détendu, par exemple Lebrac, pour qu'il vienne vous seconder.
5. Retirez les lacets de ses chaussures : le collègue fait de grands gestes, ce sont les premières manifestations de la zénitude qui l'envahissent.
6. Ficelez ses jambes aux pieds de sa chaise : il cesse de s'agiter et termine sa conversation les bras en position du lotus, c'est-à-dire croisés.

Ça y est, vous avez réussi. Il est dans le présent, sans espoir, ni crainte... Il est maintenant parfaitement zen.

Cette interprétation toute personnelle de la technique pour atteindre la zen attitude, n'en reste pas moins proche de l'illumination. Grâce à vous, votre collègue devient plus cool, encore faut-il qu'il poursuive son apprentissage.

Surprise !

Un des meilleurs moyens pour être bien dans ses espadrilles, c'est de prendre plaisir à donner et à recevoir. Entraînez donc vos collègues dans votre nouveau jeu : le cadeau surprise.
Un premier collègue, vous par exemple, offre un cadeau au collègue de son choix, Prunelle par exemple. Le cadeau doit être surprenant, moche à souhait, voire stupide. Vous l'emballez, vous l'offrez et surprise ! Vous prenez une photo de Prunelle avec son présent. Il doit exprimer le bonheur et la joie qu'il a de recevoir un cadeau si personnel.
À son tour maintenant à présent d'offrir un cadeau saugrenu à la personne de son choix, de prendre une photo et ainsi de suite !
Accrochez les photos au fur et à mesure dans la salle de la photocopieuse. Ça vous permettra de rire, ce qui est un grand pas en avant vers la zen attitude. Cela permettra également de voir qui n'a pas encore participé au jeu. Autre avantage, vous aurez une bonne excuse pour rester plus longtemps à la photocopieuse loin de votre bureau.

IDÉES DE CADEAUX DÉCONCERTANTS :
-UN ENSEMBLE DE COQUILLAGES COLLÉS AUTOUR D'UNE PHOTO DE VOTRE TANTE HORTENSE,
-UN CENDRIER EN FORME D'EMPREINTE DE LA PATTE DE VOTRE CHIEN,
-UN CD DE LA TRAVIATA INTERPRÉTÉE PAR VOTRE BELLE-MÈRE,
-LA CASQUETTE À CHEVEUX INTÉGRÉS POUR JOSEPH BOULIER QUI EST DÉGARNI,
-LE CHIEN RECOUVERT DE SABLE ROSE QUI CHANGE DE COULEUR SELON LA MÉTÉO,
-DU DENTIFRICE GOÛT BACON,
-UN TAILLE-CRAYON EN FORME DE NEZ...

Soyez créatif !
Pour renforcer les liens entre collègues, il ne suffit pas de s'offrir des cadeaux, il faut également faire preuve de créativité bienveillante.

Smile !

À vos pinceaux ou plutôt à vos imprimantes...

IL VOUS FAUT :
-UN TÉLÉPHONE PORTABLE
-UN ORDINATEUR
-UNE IMPRIMANTE
-DU RUBAN ADHÉSIF

1. Postez-vous à l'entrée des toilettes et attendez la venue du prochain usager. Soyez prêt à dégainer votre portable.
2. Dès qu'il franchit la porte, sortez votre portable et dites : souriez !
3. Prenez le selfie.
4. Imprimez la photo.
5. Collez le selfie sur le mur.

Vous verrez, avec le temps, les collègues vont se détendre et les photos seront de plus en plus drôles. Libérez-vous, le lâcher prise c'est important ! Bon, évidemment ce n'est pas facile pour tout le monde... Si certains se sentent brusqués par l'effet de surprise, optez pour le selfie à l'ancienne. Ça s'appelle l'autoportrait. Près des lavabos, mettez à disposition le matériel de peinture (à l'huile, de préférence, ça sèche très lentement) et disposez quelques tabourets. Chacun contemple son reflet dans le miroir, c'est parti pour l'atelier « selfies d'antan ». Ensuite, rien ne vous empêche de portraiturer vos collègues, à la demande. Rien n'est plus fédérateur que l'art au bureau !

Carnaval

Le moral des troupes remonte ? Les sourires refleurissent ? Proposez à vos collègues d'arriver déguisés au bureau pour extérioriser leur joie. C'est Prunelle qui sera content ! L'idéal étant d'attendre la période du carnaval pour évoquer cette idée aussi sotte que grenue, profitez de ce délai pour mieux préparer les déguisements. Voici les quelques idées de Gaston :

Alors, cap ou pas cap ?
La complicité entre collègues, c'est vraiment important. Au lieu de vous envoyer en séminaire pour renforcer les liens au sein de l'équipe, les dirigeants feraient mieux de vous laisser faire à l'instinct. Vous avez l'esprit groupe ! Ils vont bientôt s'en rendre compte...

Groupe

Puisqu'à vos heures perdues, vous avez une passion pour la musique, partagez votre centre d'intérêt avec vos collègues. Avec un peu de chance, vous découvrirez que vous êtes plusieurs à avoir une âme d'artiste.
Vous pourrez alors monter un groupe. Ce sera l'occasion pour vous de proposer au comité d'entreprise un concert pour la fête de fin d'année. Pourquoi payer une animation une fortune quand ils ont ce qu'il faut sous la main ? M'enfin !
Il ne vous reste qu'à vous entraîner et surtout vous trouver un nom de groupe. Voici nos suggestions du jour :

-LES M'ENFIN'Z !
-LES ROGNTUDJU'S STONES !
-LES RONRONNEURS NOIRS !
-LES GAFFOFONNISTES EN FOLIE !
-LES ABSOLUTE ESPADRILLES !
-LES PORTES !
-LES BEACH-HAMAC !
-GASTON ET LES NONNES !

En vous y mettant à plusieurs, vous finirez bien par trouver un nom qui vous colle à la peau.

Si le comité d'entreprise n'est pas convaincu par votre prestation et qu'il ne retient pas votre candidature, ce n'est pas grave. La fête de la musique c'est pour bientôt, et vous êtes à fond pour monter sur scène. Et puis, c'est peut-être un détail pour vous, mais pour certains ça veut dire beaucoup, n'oubliez pas que le collègue que vous cherchez à séduire tombera inévitablement sous le charme. L'artiste ça plaît toujours !

Une fois le concert terminé, rassemblez les affiches que vous avez imprimées en trop, on a une petite idée à vous proposer...

Ça plane pour vous !

Nous vivons à l'époque du recyclage, voici une seconde vie rêvée pour vos affichettes. Suivez ces étapes de pliage pour confectionner vos avions et organisez un concours de lancer.

1. Placez votre feuille verticalement. Rabattez les deux coins du haut sur l'axe vertical au centre de la feuille.
2. Rabattez à nouveau les deux coins du haut sur l'axe vertical au centre de la feuille.
3. Rabattez une troisième fois les deux coins du haut sur l'axe vertical au centre de la feuille.
4. Retournez l'avion sur l'envers et pliez les deux moitiés l'une contre l'autre.
5. Soulevez les deux ailes pour attraper la base qui est en dessous. Tenez la base de l'avion et lancez-le vers l'avant légèrement en hauteur : il vole !

La règle est simple, le joueur qui fait voler son avion le plus loin remporte le point.
Si Lebrac ne veut pas participer à ce concours parce qu'il préfère travailler, ouvrez la fenêtre et envoyez votre avion à Jules-de-chez-Smith-en-face. Lui, au moins, il ne vous laisse pas tomber.

Le monde à l'envers

Puisque l'*open space* est là pour vous amener à mieux échanger entre collègues, appliquez la théorie au pied de la lettre.

L'essentiel étant de partager, échangez les photos posées sur les bureaux des uns et des autres, ou bien inversez les dossiers traités par l'un avec ceux suivis par un autre.

À défaut de mettre en commun vos idées, mettez en commun vos pots à crayons ! Échangez les tapis de souris, intervertissez les câbles des claviers et des ordinateurs qui sont dos à dos...

Et quitte à échanger sur un même plateau, pourquoi ne pas mélanger vos idées avec les autres étages ? Changez les numéros d'étages à la sortie de l'ascenseur !

Le temps que tout le monde remette de l'ordre dans ses idées, inversez les étiquettes de la machine à café. Et voilà ! La direction a voulu que vous mettiez tout en commun, que vous partagiez vos idées et que vous soyez dans l'échange : mission accomplie ! C'est le moment de fêter ça !

Qu'est-ce qu'on fête ?

La chose essentielle à retenir est qu'il y a toujours une bonne raison pour boire un pot. Et si jamais il n'y a vraiment rien de rien à célébrer, eh bien justement, ça se fête ! Ce n'est quand même pas souvent qu'on ne trouve aucun prétexte !

LISTE DES PRÉTEXTES POUR PRENDRE UN POT ENTRE COLLÈGUES :

- *LA FIN D'UN DOSSIER*
- *UN ANNIVERSAIRE*
- *LE BOSS QUI EST PARTI EN VACANCES*
- *UN DÉMÉNAGEMENT*
- *L'EXAMEN DU FISTON*
- *UN MARIAGE*

-LA FIN DE L'ANNÉE
-UN COMING OUT
-UNE PROMOTION
-UNE ARRIVÉE DANS L'ENTREPRISE
-UN DÉPART DE L'ENTREPRISE
-UNE NAISSANCE
-UN DIVORCE...

À vous de compléter la liste !
Vous l'aurez compris, le pot est un moment stratégique qui vous couvre complètement : vous ne travaillez pas et c'est normal puisque tout le monde est au pot. En plus d'être une bonne excuse, vous serez forcément apprécié de vos collègues qui vous trouveront très cool d'y avoir pensé. Sauf ceux qui, décidément, ne vous aiment pas...

Répertoire

Les collègues, c'est comme partout, il y a les bons et les mauvais. Voici venu le temps de faire un état des lieux de vos relations professionnelles.

1. Prenez un stylo et dessinez une colonne de cœurs et une colonne de piques. En face de chaque cœur, notez les coordonnées d'un collègue que vous appréciez et qui sait vous apprécier tel que vous êtes. Les piques sont réservés à ceux que vous ne pouvez pas voir, même en photo.
2. Notez tous les renseignements dont vous avez connaissance : nom, prénoms, date de naissance, adresse, mail, téléphone, fonction dans l'entreprise, etc.
3. Ajoutez sur chaque fiche un mot définissant la personne.
4. Complétez par une évaluation de votre estime de chaque personne avec une note entre 1 à 10.

Vous disposez maintenant d'un répertoire de l'entreprise organisé selon vos affinités !

Il est probable que vous notiez certains collègues de manière beaucoup plus sévère que d'autres, certains se retrouvant même avec une note pathétique. Cela concernera principalement les collègues imbuvables, ceux avec qui vous n'avez aucun point commun...

Le parquet

Il y a fort à parier que ces collègues, pour qui vous n'avez aucune attirance et réciproquement, soient comme par hasard ceux qui rayent le parquet ! M'enfin, vous voyez ce qu'on veut dire... Maintenant, deux possibilités s'offrent à vous : soit vous voulez les imiter, soit voulez vous moquer d'eux. Quel que soit votre choix, il vous faudra une paire de dents aiguisées.

IL VOUS FAUT :
- UNE FOURCHETTE EN PLASTIQUE
- UN CUTTER
- DE LA PÂTE ADHÉSIVE

1. Coupez les dents du milieu de la fourchette pour qu'il ne reste que celles des extrémités.
2. Coupez le manche de la fourchette, juste au-dessous des dents.
3. Recouvrez cette partie de pâte adhésive pour ne pas vous blesser quand vous placerez « les dents qui rayent le parquet » contre votre gencive supérieure. Ça y est, vous avez les dents longues !

Malgré tout, méfiez-vous ! Rayer le parquet demande de l'énergie. C'est probablement trop fatigant pour vous... Vous avez bien raison de laisser ces pitreries à d'autres.

Réunion

Pour tempérer l'ardeur d'un collègue trop ambitieux, pourquoi ne pas lui faire une petite farce ?
Vous apprenez par Yvonne ou Suzanne qu'il ne faut pas aller dans la salle de réunion pour ne pas déranger Prunelle qui est en pleine signature de contrat avec M. De Mesmaeker. Quelle magnifique opportunité !

Marchez d'un pas alerte et dirigez-vous vers l'ambitieux. Dites-lui, l'air essoufflé, qu'il est attendu en salle de réunion par le chef. Croyant enfin le fruit de ses efforts récompensé, il se précipitera dans ladite salle...

Soyez là pour voir sa tête quand il découvrira qu'il n'est pas le bienvenu... Le pauvre. Il n'a plus qu'à aller se cacher aux toilettes. Et s'il applique vos conseils, il risque d'y rester longtemps !

Buller dans son coin

Ce qu'il y a de bien avec le lavage des mains, c'est que cela peut durer, durer, durer...
Photocopiez cette page et collez-la au-dessus du lavabo.

Comment bien se laver les mains ?

Il est important de bien se laver les mains. Le savon seul ne suffit pas à éliminer les germes. C'est la combinaison du savonnage, du frottage, du rinçage et du séchage qui permet de se débarrasser des germes.

1. Mouillez-vous les mains : ...min.
2. Savonnez-vous les mains : ...min.
3. Frottez-vous les mains jusqu'à l'obtention d'une mousse : ...min.
4. Frottez le dos de chaque main : ...min.
5. Frottez entre les doigts : ...min.
6. Frottez sous les ongles : ...min.
7. Frottez les poignets : ...min.
8. Rincez vos mains sous l'eau courante : ...min.
9. Séchez vos mains avec une serviette propre : ...min.
10. Si le résultat n'est pas convaincant, recommencez depuis l'étape 1.

Complétez cette affichette avec un temps minimum pour chaque étape. Cette fois, vous n'êtes pas prêt de retourner travailler.

Et ce n'est pas fini...

Aux toilettes, ajoutez ce petit mémo. Vous offrirez ainsi à vos collègues toutes les justifications pour revenir le plus souvent possible au lavabo. Photocopiez aussi cette page et collez-la à côté de la précédente.

Quand se laver les mains ?
Il est essentiel de se laver les mains le plus souvent possible.

1. Après avoir utilisé les transports publics.
2. Avant d'aller à la cantine.
3. Après s'être mouché.
4. Après avoir toussé.
5. Après avoir éternué.
6. Chaque fois qu'on va à un rendez-vous.
7. Chaque fois qu'on sort d'un rendez-vous.
8. Après avoir utilisé l'ascenseur.
9. Avant de mettre ses verres de contact.
10. Après avoir mis ses verres de contact.
11. Après être passé aux toilettes... Mais est-il vraiment utile de le rappeler ?
12. ---------------------- ---------------------- ----------------------
13. ---------------------- ---------------------- ----------------------
14. ---------------------- ----------------------

Soyez imaginatif et complétez la liste avec vos propres suggestions. Vous pouvez également laisser la parole à vos collègues qui s'investiront ainsi, tout comme vous, dans le bien-être des salariés de l'entreprise. Et qui, peut-être, souhaiteront apporter une touche personnelle à ces lieux...

Souvenirs

Certains collègues, un peu timides, préfèreront ne pas avoir un témoignage de leur passage aux cabinets. Qu'à cela ne tienne, respectez leur ressenti. Il y a certainement un autre moyen de les faire participer à la personnalisation des WC.

1. Faites le tour des bureaux et récupérez toutes les cartes postales qui ont pu être envoyées par chacun d'entre vous lors de vos vacances respectives, histoire de faire un coucou aux collègues qui bossaient pendant que vous vous reposiez.
2. Composez une fresque de souvenirs en les collant aux murs. Plusieurs solutions s'offrent à vous :
   -À la manière d'un tableur, vous alignez les cartes horizontalement et verticalement.
   -À la manière d'un carnet de voyage, vous les collez légèrement en biais, un coup dans un sens, un coup dans l'autre. Vous pouvez les superposer un peu les unes aux autres. Évidemment ça donne un résultat plus dynamique qu'un quadrillage même si certains tableaux prétendent être croisés dynamiques...
   -Dernier choix, allez-vous les afficher côté image ou côté texte ? Évidemment le côté image peut être plus agréable à l'œil, quoi que, cela dépend encore du choix de la carte. M'enfin ! Les goûts et les couleurs, ça ne se discute pas.

Sinon, vous avez l'option textes qui peut être amusante, mais là encore, tout dépend du collègue qui l'a envoyée. Malgré tout, cette version a le mérite d'avoir un bon prétexte pour rester plus longtemps aux toilettes car ça peut prendre du temps de tout lire.
Finalement, la meilleure solution est peut-être de faire un méli-mélo des cartes, recto-verso, selon l'intérêt de chacune. Ainsi tout le monde y trouvera son plaisir. Et lorsque vous aurez fait de ces lieux un sanctuaire de la culture d'entreprise, ne vous arrêtez pas en si bon chemin : place à la musique !

L'oreille en coin

IL VOUS FAUT :
- UN LAVABO AVEC DE L'EAU
- DU LIQUIDE VAISSELLE
- UN INSTRUMENT À VENT
- DES CHAISES

1. Disposez les chaises pour le public.
2. Remplissez le lavabo de liquide vaisselle jusqu'à l'obtention d'une mousse généreuse.
3. Trempez l'extrémité de votre trompette dans la mousse, ressortez-la et soufflez.

PouBlupEtteBloupouet !
PouBlupEtteBloupouet !

Cette expérience musicale mérite bien une petite pause.

Astuce :
Si vous n'avez pas de trompette, tentez l'expérience avec une flûte. Vous pouvez également emprunter des pailles au restaurant d'entreprise, à vous de trouver le son qui conviendra.

Vous sentez que le public est conquis et que tout le monde veut prolonger cette petite pause ? Clôturez donc le concert à bulles par un après-midi mousse dansant.

Ça mousse !

L'activité physique est bonne pour la santé. D'ailleurs de nombreuses entreprises proposent maintenant à leurs salariés une salle de sport pour se libérer de leur stress : un esprit sain dans un corps sain. C'est parti pour danser !

Organisation :

1. Puisque vous avez du liquide vaisselle sous la main, remplissez tous les lavabos de ce liquide et ouvrez les robinets à fond.
2. Rangez les chaises.
3. Mettez la musique de votre Smartphone à fond.
4. Fermez la porte des sanitaires à clef.
5. Éteignez la lumière.
6. Éclairez-vous avec les mobiles.

La fiesta peut commencer ! Tout le monde danse et se jette dans la mousse.

Quand l'eau a bien monté, quittez tous les lieux avant que quelqu'un ne vienne tambouriner à la porte des sanitaires pour vous demander de sortir. Trop fort ! Non seulement vous vous êtes bien défoulés, mais en plus vous n'allez pas pouvoir travailler cet après-midi. En effet, il y a de grandes chances pour que les couloirs soient inondés. Et puis vos collègues sont maintenant enclins à deviser gaiment, car la joie libère la parole. Si ça ne suffit pas, testez donc les quelques idées qui suivent !

LANCER LA DISCUSSION

Question de choix

Pour lancer la discussion, rien ne vaut une bonne question. Les sujets peuvent être comiques, dérangeants ou problématiques... Voici quatre questions pour commencer.

Question n° 1 :
En ouvrant votre courrier, vous trouvez deux places pour un concert. Elles ne vous sont pas destinées, elles sont pour un collègue. Vous adorez ce groupe, vous n'appréciez pas cette personne.
Que faites-vous ?

Question n° 2 :
On vous donne le choix entre : devenir acariâtre et misanthrope mais que tout le monde vous aime ou devenir un exemple de sympathie et d'amour mais que tout le monde vous déteste.
Que faites-vous ?

Question n° 3 :
Vous cherchez un emploi depuis déjà plusieurs mois. Vous ne recevez plus d'indemnités. L'agence pour l'emploi vous contacte et vous propose enfin le poste de vos rêves. Vous aurez des avantages en nature, un salaire très confortable et des possibilités d'évolution. C'est en Corée du Nord...
Que faites-vous ?

Question n° 4 :
Vous avez le choix entre voir tous vos collègues être remerciés par la direction, vous excepté, ou que vous soyez le seul à quitter l'équipe.
Que choisissez-vous ?

Ces questions peuvent vous servir en toutes occasions. Mais si elles créent la dissension, pas de panique…

Punchline

Vous pouvez ressouder l'équipe tout en boostant votre créativité. Autour d'un café, proposez à tour de rôle votre punchline. Voici un petit florilège pour amorcer la créativité de l'équipe…

Punchline n° 1 :
Se reposer plus pour travailler moins !

Punchline n° 2 :
Choisissez un travail que vous aimez et vous n'aurez pas à travailler un seul jour de votre vie. Confucius

Punchline n° 3 :
L'homme n'est pas fait pour travailler et la preuve, c'est que ça le fatigue !
Tristan Bernard

Punchline n° 4:
Le travail c'est la santé, ne rien faire c'est la conserver !
C'est la chanson qui le dit…

Punchline n° 5 :
(faites votre proposition)

Votez pour la plus percutante ou celle qui vous correspond le plus et notez-la en lettres d'or (ou de blanc correcteur) au-dessus de votre ordinateur.

Prenez garde à ce que toutes ces idées ne vous donnent pas mal à la tête. Ce n'est pas pour rien si ce genre de réunion s'appelle tempête de cerveaux. Utiliser sa matière grise, c'est bien, mais il ne faut pas l'user pour autant…

Carte blanche

Le mur des toilettes reste désespérément blanc ? Alors que vous avez réussi à mettre tous les cerveaux du bureau en ébullition ? Proposez à vos collègues d'écrire sur le mur. Vous avez carte blanche !

IL VOUS FAUT :
- UN STYLO
- UN ÉLASTIQUE
- DU FIL
- UNE PUNAISE

1. Nouez une extrémité du fil au bout (le côté qui ne sert pas à écrire) de votre stylo.
2. Enroulez l'élastique au bout du stylo, plusieurs fois sur lui-même afin de maintenir en place le fil que vous avez noué à l'étape 1.
3. Punaisez l'autre extrémité du fil sur le mur encore vierge que vous avez choisi d'offrir à vos collègues.
4. Pour les aider à se libérer, initiez cette carte blanche par un petit proverbe :

« Qui tire la chasse perd sa place ! »
Proverbe de chasseur

Méditer au petit coin, ça ne mange pas de pain. Ensuite, rien ne vous empêche d'aborder des sujets plus graves ; vous apprendrez ainsi à mieux vous connaître...

Bonne parole

Si vous avez la chance de travailler en *open space*, prenez votre air le plus sérieux, levez-vous, éclaircissez votre voix et faites profiter cette fois l'ensemble de vos collègues de cette question de choix... de choix cornélien.

Un incendie se déclare dans l'entreprise. Plusieurs possibilités s'offrent à vous :

1. Vous fuyez immédiatement.
2. Vous partez avec votre ordinateur sous le bras.
3. Vous faites le tour des couloirs, pour vérifier que personne n'est resté coincé dans un bureau.
4. Vous fermez un bureau, lequel ?
5. Vous... (proposez votre idée)
Alors, que faites-vous ?

Les réactions et les réponses peuvent être intéressantes. Toutefois, si nul ne réussit à se projeter, posez la question suivante :

Au self, au moment de donner sa carte pour régler son menu, la personne devant vous s'aperçoit qu'elle ne la retrouve pas. Si personne ne paye à sa place, cette personne repartira sans manger.
Que faites-vous ?
Pensez à donner la parole à chacun : une heure perdue à ne pas travailler, c'est toujours ça de gagné.

COMMENT DRAGUER AU BUREAU

J'en pince pour toi

Ne dites pas que personne ne vous plaît, ce n'est pas vrai, il y a toujours une personne que l'on apprécie un peu plus que les autres... Alors, vous avez trouvé ?
Ben oui, vous avez bien un Gaston ou une M'oiselle Jeanne qui vous fait sourire de temps en temps. Votre petit rayon de soleil du bureau. Puisque vous n'avez rien à faire ASAP, profitez de votre temps libre pour lui offrir un petit cadeau original, ça lui fera toujours plaisir.
Prenez un trombone. Il y a une extrémité avec un retour et l'autre avec deux retours. Sur l'extrémité des deux retours, prenez la plus longue et tordez-la sur le côté en direction de l'autre extrémité avec un seul retour. Votre trombone forme alors un cœur qu'il ne vous reste plus qu'à glisser sur les feuilles de votre dossier.

Lorsque vous lui apporterez le dossier, ce charmant collègue ne pourra qu'être charmé par une si délicate attention. Miaou ! On vous entend ronronner d'avance.

Coup de foudre

Il faut parfois provoquer un peu le destin alors, si le coup de foudre n'arrive pas du premier coup, créez-le vous-même.

IL VOUS FAUT :
-UN BALLON DE BAUDRUCHE
-UN PULL EN LAINE OU EN ACRYLIQUE

1. Gonflez le ballon de baudruche et fermez-le avec un nœud.
2. Retirez votre pull et mettez-le sur l'envers.
3. Éteignez la lumière.
4. Frottez énergiquement le ballon contre le vêtement. Crack ! Vous entendez des crépitements !
5. Continuez de plus belle. Rogntudjuuuu ! Il y a maintenant des étincelles, des éclats de lumière, des petits éclairs ! C'est un véritable coup de foudre qui vient de se produire !
6. Rallumez la lumière. Saluez votre collègue et laissez le charme opérer.

Bien sûr, tout serait gâché si Prunelle rallumait la lumière avant que l'expérience ne soit finie. C'est à se demander s'il n'est pas jaloux de votre ingéniosité. Et encore, il n'a pas tout vu...

Rire et séduire

Quand vous savez que vous ne pouvez pas tout miser sur votre physique, tentez votre chance avec l'humour. Si vous réussissez à faire rire l'élu de votre cœur, vous marquez des points. Voici quelques blagues pour tâter le terrain...

Dites-lui :
« Tu sais ce qu'il m'est arrivé hier ?
Je suis rentré au bureau en courant, un lance-pierres à la main et j'ai dit à Prunelle :
- J'ai une bonne nouvelle, tu vas enfin faire connaissance avec le patron de Jules-de-chez-Smith-en-face... »

« Et tu sais ce que j'ai entendu ? Mais attention, je ne te donnerai pas de noms :
Une secrétaire a demandé à sa collègue :
- Quelle heure est-il ?

Et elle lui a répondu : “Je ne sais pas, ça change tout le temps !” »

Si vous n’obtenez aucune réaction, lancez-vous dans l’absurde :
Ne dites pas « un car de policiers » mais « un policier entier ».

Pas compris ? Alors une autre :
On ne dit pas « javelliser » mais « j’ai lu ».

Les premiers sourires apparaissent, battez le fer tant qu’il est chaud et essayez maintenant de l’impressionner.

Sauvage

Pour séduire, rien ne vaut l’effet de surprise. Habillé de votre tenue léopard, traversez le couloir en hurlant : « Moi Gaston, toi Jeanne ».

Cette suggestion est valable aussi bien pour les hommes que pour les femmes. Veillez à vérifier au préalable que le chef n’est pas resté dans les parages.

Si l’intéressé(e) réagit mal, revenez à une valeur sûre.

J’en ai une bonne !

Si ça ne fait pas rire M’oiselle Jeanne, ça fera peut-être rire les autres.

Chef ! chef ! Juste une petite blague…
« Jules-de-chez-Smith-en-face explique le métier de son papa :
- Mon papa il gagne sa vie grâce aux erreurs des autres.
- Ah bon, il est avocat ?
- Non, il fabrique des gommes. »
Et celle-ci, vous la connaissez ?

« Le patron demande à un gars de son équipe :
- Alors, qu'avez-vous fait pendant vos congés ?
- Oh pas grand-chose, en tout cas pas de quoi tenir une conversation avec vous ! »

Qu'est-ce que vous en pensez chef ?

Bonne année

Toutes ces bonnes blagues n'ont pas fait battre vos cœurs à l'unisson ? Ne désespérez pas, il vous reste l'instant magique où l'on se souhaite bonne année. Le seul conseil que l'on puisse vous donner pour ce moment solennel, c'est de vous organiser à l'avance. Avant de venir au bureau, allez en forêt ou, en dernier recours, passez chez le fleuriste.
Pas la peine d'apporter des fleurs, l'arme fatale, c'est la boule de gui !
Accrochez-la au plafond dans la salle où aura lieu le futur pot de la bonne année.
C'est inévitable, il y aura bien un moment où vous devrez vous embrasser juste en dessous : ça porte bonheur.
Vous voyez bien que ce n'est pas si terrible que ça la vie de bureau ...

Les transports

Après avoir lu les pages qui précèdent, gageons que vous savez désormais comment survivre au bureau avec allégresse. Mais la première étape, qu'on le veuille ou non, reste de réussir à ALLER au travail. Et là, ce n'est pas une mince affaire... Si les sept nains chantent en rentrant du boulot, ce n'est pas pour rien ! C'est bien la preuve qu'on n'a pas envie d'y aller. Malheureusement il faut bien nourrir le chat donc, faisons un effort, au moins pour lui.

En tramway

Comme chaque matin, vous n'avez pas envie de vous précipiter au travail, si seulement vous pouviez arriver en retard. Prenez le tramway, peut-être qu'il aura un petit problème technique qui vous donnera une excellente excuse...

Comment faire dérailler un tramway ?

1. Discrètement, placez une noix au bon endroit.
2. Croisez les doigts pour que ça fonctionne...
3. Ouvrez les yeux. Alors, en retard ou pas en retard ?

Ce qu'il y a de bien avec le tramway, c'est que vous êtes en accord avec votre conscience de citoyen écologiste. C'est forcément mieux que les jours où vous prenez votre voiture.

En trottinette

Comme moyens de transport écologiques, il y a également le vélo ou la trottinette. Trottinette qui a un triple avantage, c'est écolo, c'est économe et c'est du sport. C'est ce qui s'appelle joindre l'utile à l'agréable. Le seul souci c'est que vous n'avez peut-être pas de trottinette sous la main (ou sous le pied). Dans ce cas il y a une solution : si vous n'avez pas de trottinette, vous avez toujours la possibilité de vous poser sur le marchepied d'une voiture et de pousser. N'oubliez pas de changer de côté à chaque feu rouge, cela vous permettra de muscler les deux jambes.
Avant de grimper sur le véhicule, demandez au chauffeur s'il prend bien la même direction que vous. Attention à ne pas vous accrocher à la voiture de Prunelle ! Il ne comprendrait pas votre démarche. Il le porte sur son visage : il n'est ni écolo, ni sportif. Rien à voir avec vous !

Le fait d'être accroché à une voiture peut avoir l'inconvénient que vous arriviez plus vite que prévu. Il est alors préférable de retourner à des choses simples : la planche à roulettes.

En planche à roulettes

Aller au travail en planche à roulettes ? Quelle bonne idée ! Il y a des siècles que vous n'en avez pas fait. Grâce à ce moyen de locomotion léger et peu encombrant, vous allez au travail à pied, mais sans marcher ! C'est beaucoup moins fatigant, il n'y a qu'à se laisser glisser.
Afin de vous déplacer en toute sécurité, prévoyez un casque, des genouillères, des coudières et une paire de gants.
Dès que vous arrivez au bureau, filez dans les vestiaires prendre une douche. Il est toujours bon de commencer sa journée par une petite pause tout à fait justifiée.
La planche à roulettes peut s'utiliser également au bureau. Vous pourrez faire des pauses plus longues avec les collègues puisque grâce à la planche à roulettes, vous rattraperez le temps perdu en filant dans les couloirs !
Pour le retour à la maison, il faut espérer que le chemin soit en pente et surtout dans le bon sens. Il n'y aura aucun effort à faire et vous serez rentré plus tôt.
En cas de grand vent, pensez à ouvrir votre manteau, la force du vent travaillera à votre place.

La solution pour aller au travail sans faire la tête c'est peut-être ça : le trajet doit être ludique. Et les patins à roulettes... C'est comme le vélo, ça ne s'oublie pas.

En patins à roulettes

Il ne pleut pas, alors n'hésitez plus, c'est le bon moment pour ressortir vos patins ou vos rollers, appelez-les comme vous voudrez, l'essentiel c'est d'arriver entier... M'enfin, presque.

Tous les avantages des patins à roulettes :

-Vous aurez l'opportunité de vous arrêter quand vous voulez pour regarder une vitrine.

-Vous pourrez aider une vieille dame à traverser.

-Vous pourrez vous faire tirer par votre chien de traîneau ou votre mouette, ça lui fera de l'exercice.

-Vous pourrez vous arrêter en chemin boire un café dans un bar ou prendre un croissant à la boulangerie.

-Vous pourrez vous reposer sur un banc, le temps de lire le journal.

-Vous n'aurez plus aucun problème de stationnement.

-Vous ferez des économies sur votre trajet.

-Vous pourrez arriver en retard en prétextant une chute. Vous gagnerez même la compassion de certains collègues.

À vous de compléter la liste !

Le covoiturage

Ça se fait de proposer au collègue qui est sur votre route de le raccompagner, surtout si vous voyez que vous partez à la même heure ! Et c'est là qu'il est important d'avoir quelques sujets de conversation en réserve. Parce que le covoiturage entre collègues c'est bien, mais quand on n'a rien à se dire, bonjour l'angoisse. Si encore il s'agissait à coup sûr de M'oiselle Jeanne ou de Jules-de-chez-Smith-en-face, ça irait ! Mais dans le doute, soyez prévoyant.

Pour ne pas vous retrouver avec de gros blancs ou au contraire être noyé sous les histoires sans intérêt de votre collègue, sortez votre liste de sujets. Vous devenez ainsi le maître de la situation.
Petit rappel, il ne faut que des thèmes simples, des sujets qui ne fâchent pas. On ne parle ni religion, ni politique, ni promotion, ni séduction, ni foot, ni mode, c'est bien connu : les goûts et les couleurs, ça ne se discute pas... Bref, prévoyez d'autres sujets sinon ça va être long.
Dans le cas où votre moyen de transport est un deux-roues, la question ne se pose plus puisque vous n'aurez pas besoin de vous parler.
Allez, zou ! À la maison !

Direction éditoriale : Tatiana Delesalle
Édition : Hélène Raviart, Marion Pellé
Direction artistique : Chloé Eve
Création graphique : Laurent Besson
Mise en pages : Natacha Marmouget
Fabrication : Marie Guibert

www.mangoeditions.com
15/27, rue Moussorgski
75895 Paris Cedex 18

Dépôt légal : août 2016
ISBN : 9782215150688
MDS : 592235
Imprimé par Graphycems en Espagne
N° d'édition : A16139

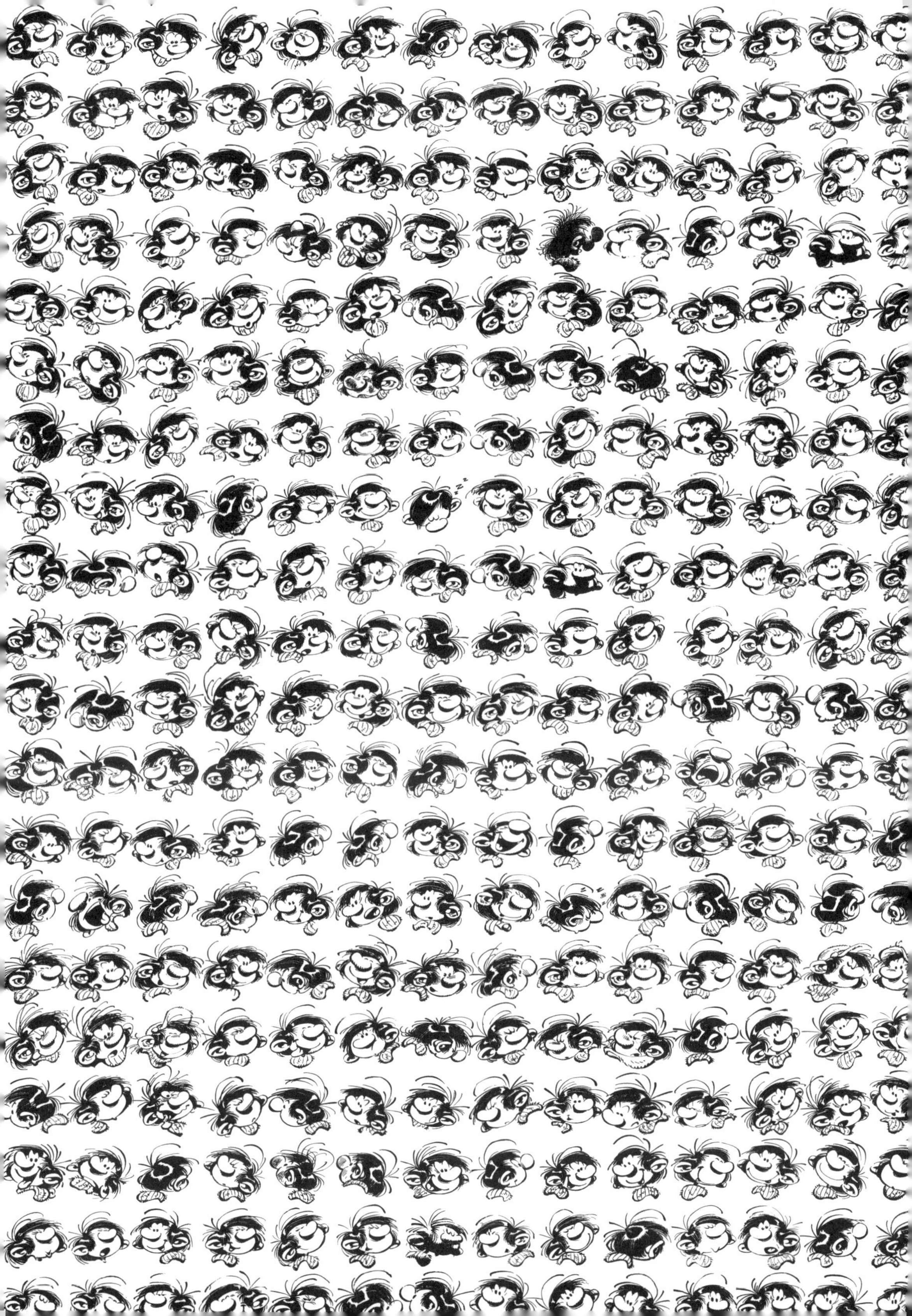